범죄예방을 위한 관찰질문 기법

김창호 · 강민완 · 오재환

도서출판 **진 영 사**

범죄예방을 위한 **관찰질문 기법**

김창호 · 강민완 · 오재환

2011년 01월 12일 초판인쇄
2011년 01월 14일 발 행
발행인 박 진 영
발행처 도서출판 진영사
인천광역시 부평구 삼산동 200-2 대림하이츠빌라 301-401호
전화 : 032)505-4207
팩스 : 032)505-4206
E-mail : 0183734207@hanmail.net
등록 : 122-91-77317

ISBN 978-89-6541-018-8 93350
값 12,000원

머리말

'서울시 2010년 통계 연보'에 따르면 서울지역 연간 범죄 건수는 2000년 들어 증감을 반복하다가 2006년 34만6810건에서 2007년 35만5735건으로 증가하였고, 2008년 39만2643건에 이어 지난해 40만건이 넘어서면서 2001년 이후 최고치를 기록하고 있다. 하지만 경찰백서의 범인 검거율에서 확인할 수 있듯이 급속한 사회발달에 따른 치안수요가 증가됨에 따라 이처럼 다양화되고 증가되는 범죄에 적절히 대응하지 못하고 있는 실정이다.

사회 공공질서 및 치안유지를 담당하는 경찰 등의 공기관이 이처럼 치안수요의 증가에 따라 인력, 장비 등이 한계에 이르면서 이를 위한 해결책의 일환으로 공기관의 치안업무를 민간경비 등에게 이관하고 있다. 하지만 이러한 정책도 효과적인 결과를 얻지 못하고 있다. 최근 몇 년간 민간경비 산업의 급속한 양적 성장으로 인해 민간경비원의 자질 문제, 가격 덤핑 문제 등 많은 질적인 문제로 말미암아 국민들의 안전욕구를 충족시키지 못하고 있는 것이다.

민주주의와 자본주의의 발달에 따른 국민의 인권 존중에 대한 욕구가 커지면서 개인의 사생활 영역에 대한 개념도 확대되고 있다. 따라서 국민의 인권 침해라는 불편을 끼치면서 치안유지를 한다는 것은 시대에 부합하지 못하는 정책이다. 일례로 경찰의 경우 2010년 5월 경찰의 불심검문 권한을 강화하는 경찰관직무집행법을 국회에 제출했다가 시민단체 및 인권단체 등에게서 신랄한 비난을 받았다.

이처럼 인력, 장비 등의 한계에 부딪힌 공공기관이 점점 다양화, 지능화되는 범죄에 어떻게 적절히 대응할 수 있을까?

또한 어떻게 하면 민간경비원의 자질 향상을 통해서 특수경비, 시설경비 등 해당 분야에서 공공의 안녕과 질서유지라는 본연의 임무를 효과적으로 달성할 수 있을까?

마지막으로 국민의 인원을 존중하고 국민의 불편을 최소화하면서 효율적으로 범죄예방 등의 치안유지 업무를 수행할 수 있을까?

저자는 이러한 문제의식을 가지고 경기대학교 경호안전학과 박사과정에 매진하던 중 이러한 문제점을 해결할 수 있는 방안을 고심하였다. 공공기관에 근무하는 저자는 현업에 임하면서 국민의 불편을 최소화하면서 사회 질서유지 및 공공의 안녕을 유지할 수 있는 방안으로 과학적인 관찰기법과 체계적인 질문기법이 가장 좋은 방법이라고 판단하였다.

1년 6개월 남짓 시간동안 관련 문헌 검색과 전문가와의 면담, 그리고 해당 프로그램에 대한 효과분석의 과정을 통해서 저자가 제시한 기법이 범죄예방 등의 치안업무에 도움이 되는 것으로 나타났다.

아무쪼록 본 저서에서 제시한 기법들이 경찰, 민간경비원 등 사회질서 유지 및 치안업무를 담당하는 인원들에게 하루빨리 주입이 되어 국민불편 최소화와 치안유지라는 두가지 모두를 이룰 수 있는 좋은 밑거름이 되길 희망한다.

2011. 1. 8 동교동에서

목 차

제1장 개 요

제2장 사례분석을 통한 인간 심리 분석

제3장 관찰질문 기법 개발을 위한 선행연구

제4장 관찰 질문 기법 개발

부 록

제1장

개　　요

제1장 개 요

제 1 절 개발 동기

2009년 1월초 장기간의 국내 경기침체로 시름에 빠져있던 국민들은 10명의 여성을 납치·살인한 "강호순 연쇄살인"[1] 사건의 전모를 접하고 큰 충격에 빠졌다. 더욱 충격적인 사실은 이러한 형태의 범죄의 원인은 자신의 욕망과 이익을 위해서 아무런 거리낌이나 죄의식 없이 타인에게 위해를 가한다는 점과 일반적인 범죄와 달리 안면이 없는 일반인을 대상으로 하는 살인이라는 점이다. 전문가들은 이러한 범죄유형을 '사이코 패스'[2]라 정의하고 대부분 그 원인을 치열한 생존 경쟁만이 끊임없이 강조되는 급격한 자본주의 사회에서 건전한 공동체 문화의 기틀이 되는 유대와 소통의 통로 악화로 보고 있다(네이버, 2008: 182337).

이러한 '반사회적 인격 장애' 범죄로 인해 평범한 시민은 '누구라도', '언제든지' 이러한 범죄의 희생양이 될 수 있다는 불안감 때문에 안전에 대한 욕구가 더욱 커지고 있다. 하지만 급속한 사회발달로 인해 이처럼 갈수록 다양화, 지능화, 흉폭화되는 범죄의 양상에 비해 경찰의 인력, 예산, 장비 등이 한계에 이르러 이러한 범죄에 적절히 대응하지 못함으로써 국민의 안전욕구를 충족시키지 못하고

1) 2008년 12월 경기도 군포시에서 실종된 여자 대학생을 살해한 혐의로 경찰에 붙잡혔다가 추가 수사에서 2006년 12월부터 2008년 12월까지 경기도 서남부 일대에서 여성 7명을 연쇄 살인한 사건으로 강호순이 살해했다고 밝힌 부녀자는 노래방 도우미 3명, 회사원 1명, 주부 1명, 여대생 2명이었다. 추가로 2009년 2월 17일에는, 2006년 9월 강원도 정선군에서 정선군청에서 근무하던 공무원 윤 모(여성, 당시 23세)씨를 살해했다고 자백했으며, 2005년 10월 경기도 안산시 본오동 장모 집에 불을 질러 장모와 처도 살해했다고 자백해 충격을 안겨 줬다.

2) 사이코 패스(Psychopath)는 정신병의 일종으로 반사회적 인격 장애중의 하나이다. 원인은 뇌의 전두엽의 이상 때문으로 알려져 있으며, 19세기 프랑스 정신과 의사 필리프 피넬이 사이코패스 증상에 대해 최초로 저술하였고, 1920년대 독일의 심리학자 슈나이더가 사이코패스의 개념을 설명했다(네이버 백과사전).

있다.

또한 지난 2009년 8월 28일 사우디아라비아 제다에 있는 모하메드 빈 나예프 왕자의 저택으로 20대 청년이 찾아왔다. 라마단(이슬람교의 금식 기간)을 맞아 사우디 왕족들이 젊은 이슬람교 신자들을 격려하기 위해 자택을 개방한 날이었다. 청년은 경호원들의 몸수색과 소지품 검사 등을 모두 통과하고, 왕자 앞으로 다가갔다. 왕자가 청년과 악수를 나누려는 순간 청년의 몸이 폭발했다. 왕자는 폭발 충격에 뒤로 넘어지고 테러범의 몸에서 분출된 피로 피투성이가 됐다.…… 사우디 왕자 테러 사건은 세계 테러역사상 처음으로 등장한 '엉덩이 폭탄(keister bomb)'에 의한 자살테러였다. 사건 발생 후 전 세계 정보기관들은 새 테러 수법의 등장에 주목하며 대응책 마련에 부심하고 있다.…… 하지만 테러범 체내에 삽입된 폭탄은 강력한 엑스레이(X-ray)로만 검색될 수 있는데, 모든 항공기 탑승객을 이런 방식으로 검색하는 것은 사실상 불가능하다는 게 보안당국의 고민이다. 사우디 왕자 테러범도 몸속에 폭탄을 넣은 채 공항 보안 검색대를 무사히 통과, 예멘에서 사우디아라비아로 오는 비행기를 탄 것으로 확인됐다(조선일보, 2009: 00072).

위의 사례에서도 보듯이 과학 기술의 발달에 따른 각종 첨단장비의 개발로 인해 범죄 및 테러 수법이 첨단화되고 있다. 이에 더 이상 검색 장비나 기계 등에 의존해서는 이러한 범죄 및 테러 등을 사전에 인식하여 예방하는 것이 곤란하다. 따라서 이러한 첨단 폭발물 등 각종 위해기구를 소지한 잠재적 범죄 및 테러용의자를 사전에 식별하여 그로 하여금 계획한 범죄를 단념시키기 위해서는 현장에 배치된 근무자에게 과학적인 관찰기법 및 질문요령을 습득하도록 하여야 한다. 즉, 기계에 의존한 근무가 아닌 전문적인 교육을 받은 근무자에 의한 과학적인 근무를 통해서 갈수록 치밀해지고 다양해지는 각종 범죄 및 테러를 사전에 예방할 수 있다.

지난 2008년 6월 인천공항을 통해 출국한 한 외국인 승객이 권총과 실탄을 소지한 채 비행기에 오르는 어처구니없는 일이 일어나 인천공항공사의 허술한 보안검색이 도마 위에 올랐다. 그것은 프랑스인 A씨가 권총 1정과 실탄을 가지고 버젓이 보안검색대를 통과한 것이다. 공항에는 X-RAY 등 첨단 검색장비가 있었지만 무용지물이었고, A씨는 공항직원의 제지없이 비행기에 올랐다. 총기를 소지한 채 비행기에 탑승하면 안 된다는 것을 뒤늦게 안 A씨는 기내에서 권총과 실탄을 승무원에게 넘겼다(김대훈, 2008: 862445).

국가보안시설 '가'급에 해당되는 인천국제공항은 수많은 내외국인이 이용하고 있는 중요한 장소로 테러의 대상이 될 경우에 막대한 피해를 입을 수 있기 때문에 철저한 보안검색이 요구되는 곳이다. 하지만 인천공항에서 이런 어처구니없는 일이 일어난 것이다.

2001년 전 세계를 놀라게 했던 미국 9.11테러를 비롯하여 2009년 12월 25일 발생한 디트로이트행 노스웨스트 항공테러 미수[3]에 이르기까지 항공기 사고의 경우 큰 인명사상은 물론이고 정치, 사회적으로 큰 물의[4]를 일으킨다.

인천공항은 2001년 개항과 더불어 보안 검색 및 경비보안 분야를 민간경비(특수 경비)업체에 위탁하여 운용하고 있다. 현재 보안검색의 경우 2개 업체[5] 총 844명이 출국장, 환승장, 위탁검색지역 등에서 공항공사 직원의 관리 감독 하에 근무하면서 공항에 탑승하는 모든 승객 및 탑재되는 수하물의 검색을 담당하고 있다.

이처럼 인천공항에 근무하는 민간경비원은 물론이고 사회 질서 및 치안을 담당하는 경찰은 근무 특성상 현장에서 다수의 인원과 여러 가지 예상하지 못했던 상황과 대면하게 된다. 이러한 상황에서 효율적으로 대처하기 위해서는 과학적인 관찰기법과 체계적인 질문요령이 필요하다. 즉, 과학적인 관찰기법에 의한 위

3) 나이지리아 출신 영국 유학생인 23세 우마르 파루크 압둘무탈라브가 내의에 폭발물을 지니고, 美 디트로이트행 항공 253편 노스웨스트 여객기에 탑승해 이륙직전 자살테러를 기도했으나 폭발물이 불발이 되면서 미수에 그친 사건이다.

4) 2009년 12월 25일 발생한 항공기 자살테러 미수와 관련하여 전 세계적으로 전신스캐너(알몸투시기) 도입과 관련하여 사생활 침해 논란이 있고, 우리나라도 올 6월에 전신스캐너 도입을 결정함에 따라 인권단체의 반대가 잇따르고 있다.

5) 인천공항 보안검색 업체 현황(09. 07. 01 기준)

구분	소계	출국장	환승	위탁검색지역	기타
시***	439	192	130	113	4
조****	405	192	87	113	13(EOD 9)
소계	844	384	217	226	17
공항공사	38	18	3	7	10

자료 : 인천공항 항공보안처

해요소 및 인원에 대한 사전 식별과 체계적인 질문 기법을 통해서 범죄자로 하여금 계획한 범죄를 단념시킬 수 있다. 이러한 측면에서 볼 때 사회 공공질서를 담당하고 있는 인원은 과학적이고 체계적인 관찰 질문기법을 반드시 습득해야 한다.

민주주의의 발달에 따른 국민의 인권이 존중되고 있는 시점에서 국민의 불편을 최소화하기 위해서는 국민 통제를 최소화하고 직감에 의한 근무를 지양해야 하며 과학적인 관찰 기법 위주의 근무를 통해 거동수상자를 사전에 식별해야 한다. 이러한 기법의 중요성에 불구하고 경찰, 민간경비원 등 사회질서 유지 및 치안을 담당하는 기관에 근무하는 인원들은 이러한 근무기법에 대한 교육을 받고 있지 않다. 이에 저자는 급속한 사회발달에 따라 점점 열악해져 가는 치안상황에서 국민의 불편을 최소화하면서 국민의 안전 욕구를 충족시킬 수 있는 과학적이고 체계적인 관찰 질문 기법을 개발하게 되었다.

제 2 절 용어의 정의

1. 행동촉발질문

리드테크닉[6]의 설립자인 존 리드(John. E. Reid)가 50년 동안 진실한 피의자와 기만적 피의를 입증하는 언어적 행동과 비언어적 행동을 연구하여 개발한 전문적이고 체계적인 질문기법이다. 행동촉발질문(behavior provoking questions)은 진실한 반응과 기만적 반응을 구별짓는 어떤 원리나 '모델'을 사용하게 된다(김종률, 2004: 113).

2. METT

Ekman[7](2003)은 FACS[8]를 근거로 하여 얼굴표정 근육의 움직임을 관찰해서 인

6) 존 리드가 창립한 수사연구 및 교육기관에서 개발하여 미국 주요 수사기관과 조사기관에 보급하고 있는 첨단 신문기법이다.

7) Paul Ekman은 1935년 미국 캘리포니아 출생으로 동 대학 의과대 심리학과 교수로서 캘리포니아 대학

간의 현재 심리상태를 읽을 수 있다는 것을 알아냈다. 이러한 인간의 진실한 감정을 빠른 시간 내에 포착하고 피드백 하는 훈련도구가 METT(micro expressions training tool)이다. Ekman(2003)에 의하면 이 도구를 이용하여 1시간 정도의 교육을 하면 일반인들도 세부적인 미세표정 인지를 통해 사람의 진실한 감정을 알아낼 수 있다고 한다.

부설 정신분석연구소에서 1년 동안 인턴으로 일한 뒤, 1958년 아델피 대학에서 박사학위를 받았다. 전 세계를 돌며 인간의 얼굴 표정의 특징을 연구하였으며, 1978년에 프리즌(Frizen) 교수와 함께 모든 시각적으로 구분 가능한 얼굴 움직임을 46가지로 정의한 '얼굴 움직임 해독법(FACS:Facial Action Coding System)'이라는 시스템을 개발하였다.

8) 얼굴 움직임 해독법(FACS:Facial Action Coding System)으로 얼굴 근육을 46가지로 정의 하였고, 이들 각각의 세부 유닛들의 조합으로 인해 슬픔, 화남, 놀라움, 두려움, 기쁨, 역겨움, 업신여김 등 7가지 감정을 표현할 수 있다.

제2장

사례분석을 통한 인간 심리 분석

제2장

사례분석을 통한 인간 심리 분석

제 1 절 레이건 美 前대통령 암살 기도 사건

1. 사건 개요

1) 일시 : 1981년 3월 30일 14:30경

2) 장소 : 워싱턴 D.C 힐튼호텔 노상

3) 내용

레이건 대통령이 힐튼호텔에서 미국 노동연맹 산업별회의 산하 건설노조대회의 연설을 마치고 대통령 전용 출입구를 통하여 호텔 앞 노상으로 나와 환영하던 군중에게 답례하는 순간, 환영군중속의 범인(힝클리[9])으로부터 6발의 권총사격이 발사되어 레이건 대통령의 왼쪽 폐에 명중되었으나 생명에는 지장이 없었다.

2. 심리 분석

범인은 유복한 가정에서 자라면서 중학교 때까지는 성격이 활발했으나 고등학교를 들어가면서 외톨이가 되고 대학에서는 적응을 하지 못해 중퇴하였다. 이후 정신질환으로 인해 진료를 받기도 한 그는 다니던 회사에서 실직을 당하여 가정과 사회에서 소외된 정신적 질환이 그로 하여금 대통령을 저격하게끔 만들었다. 범인은 신나치주의자이자 집단살인마 '찰스 맨슨'을 추종하다가 해임을 당하면서 방황을 하게 되고, 영화 "택시 드라이버"에서 10대 창녀역으로 나오는 '조디 포스

9) 존 힝클리 인적사항: 당시 27세 남자로 에너지 회사 사장의 아들로 유복한 가정에서 3남매중 막내로 신나치주의자 '찰스 맨슨'을 추종하였음.

터'에게 매료되어 이 영화를 15번이나 보면서 그녀를 흠모하게 된다. 그녀에게 편지를 보내고 전화연결을 시도했지만 응답이 없자 열등감에 사로잡힌 범인은 대통령 저격이라는 극한적 방법을 통해 자신의 의사를 표현하였다.

제 2 절 원자력 주변 헬기장 주변 소란사건

1. 사건 개요

1) 일시 : 1993년 7월 16일

2) 장소 : 대덕 원자력연구소 헬기장

3) 내용

귀빈이 엑스포 시설물 순시 후 연구소내 헬기장으로 이동전 400여명의 연구소 직원들이 귀빈을 보러 헬기장 주변에 모여들자 이들을 분산시키기 위해 연구소 총무부장을 통해 사무실로 유도하였다. 하지만 직원들이 귀빈을 가까이서 보겠다는 의지가 강하여 직원들을 하차선 주변에 대기시켰으나, 귀빈 도착후 많은 연구소 직원들이 갑자기 통제선을 넘어 귀빈과 접촉하려고 소란이 벌어졌다.

2. 심리 분석

최초 도열이 허락되어지지 않은 상황에서 욕구나 목표에 정반대로 강하게 반응을 보여 다수의 힘으로 목표를 쟁취하였다. 다수인의 의지와 관계없이 소수의 의지에 따라 본인도 모르게 귀빈과 악수하려는 무의식적 심리가 표출되었다. 변덕스럽고, 남의 말을 쉽게 믿고, 참을성이 없으며, 공격적이고 도덕적 감각과 자제력이 없어지는 군중심리의 대표적인 사례이다.

제 3 절 김영삼 前대통령 페인트 계란 투척 사건

1. 사건 개요

1) 일시 : 1999년 6월 3일 10:50경

2) 장소 : 김포공항 2청사 귀빈 주차장

3) 내용

김영삼 前대통령 내외분께서 일본 방문을 위해 김포공항 귀빈주차장에 도착하여 100여명의 환송객과 악수를 하며 들어가던 중, 환송인파 사이에 있던 인원이 유성 페인트가 들어있는 계란을 김영삼 前대통령 얼굴에 투척하고 양복 안주머니에 있던 성명서를 뿌리면서 "경제를 망친 김영삼은 국민앞에 속죄하라"며 소리쳤던 사건이다.

2. 심리 분석

김영삼 前대통령이 IMF 외환위기의 주범이라고 생각한 범인은 특정인물에 대한 나쁜 감정, 부정적인 평가로 적대적인 감정을 가지는 편견성을 소유하였다. 과거 박정희 前대통령때 계엄령 위반과 한일회담 반대투쟁 경력이 있던 범인이 미국 이민 생활 후 국내에서 도피하는 파렴치범의 국내송환을 위해 적극적인 활동을 하면서 IMF 외환위기의 총책임자인 김영삼 前대통령을 "경제를 망친 죄를 뉘우치지도 않으면서 외국에서 쓸데없는 소리를 하고 다니지 못하도록 입을 봉하기 위해 이번 일을 하게 되었다."라며 자신의 행위에 대해 정당하다고 생각하는 과대망상증이 있었다.

제 4 절 청와대 앞 택시기사 분신사건

1. 사건 개요

1) 일시 : 2004년 6월 16일 09:00경

2) 장소 : 청와대앞길 북악면회실 앞

3) 내용

번호 미상의 택시를 타고 청와대앞길 춘추관에서 분수대방향으로 가던 인원이 북악면회실 앞에서 하차하여 미리 준비한 시너 1.5L를 머리에 뿌리고 라이터로 불을 붙여 분신자살을 기도한 사건이다. 이 사건으로 분신 기도자는 전신 3도 화상을 입고 강북 삼성병원으로 1차 후송하여 응급치료를 받은 후 영등포 소재 한강 성심병원 중환자실에 입원하였으나, 입원 13일째 사망하였다.

2. 심리 분석

분신 기도자는 평소 생활이 어려워 어머니의 카드로 생활비 등을 해결해 오던 중 수개월 전부터 카드사의 차압관련 법적조치 예고서를 받고 고민을 하고 있었고, 부인과는 이혼소송 중에 있는 등 개인 생활의 불안정에서 오는 욕구좌절을 분신자살이라는 극단적인 방법으로 표출하였다.

평소 언론매체를 통해 수없이 접해 왔던 분실자살이 자신도 모르게 마음속으로 학습되어 가고 있었고 극한상황에서 충동적으로 이를 모방하여 행위를 표출하였다.

사건 분석에서 살펴보았듯이 인간심리는 현대사회 기계문명의 발달과 함께 더욱더 다양해지고, 행위표출 자체도 흉폭화, 지능화되어지며, 행위표출 시기도 즉흥적으로 되어가고 있다. 여기서 우리가 주지해야 할 것은 지능화되고 즉흥적인 범법행위를 세밀한 관찰을 통해 예방해야 한다는 것이다. 다수의 군중이 운집했을 때는 질서의식을 가지도록 사전에 충분히 이해시켜야 하며, 노출된 지역에서는 인벽 또는 주변환경과 동화되는 물적 요소로 주변노출을 최소화 시켜야 한다.

제3장

관찰질문 기법 개발을 위한 선행연구

제3장

관찰질문 기법 개발을 위한 선행연구

체계적이고 과학적인 관찰 질문기법 개발을 위해 다음과 같은 선행 연구를 검토해 보았다.

첫째, 불특정 다수의 인원 중에서 거동수상자를 식별할 수 있는 능력을 함양하기 위해서 영국의 Desmond Morris[10)]교수가 전 세계를 돌며 연구한 인간의 심리 및 행동의 특징을 살펴보았고, 둘째 거동수상자를 대상으로 과학적인 질문기법을 적용하여 진실을 밝혀내기 위한 방법으로서 미국 FBI요원, 경찰 등 수사기관에서 수강하고 있는 리드 테크닉(reid technique)세미나 중에서 행동촉발질문을 살펴보았으며, 끝으로 거동수상자로부터 진실 및 기만행위를 구별하기 위해서 Ekman의 '미세표정(micro expression)'이라 불리는 얼굴 근육 특징에 따른 사람의 감정을 확인하는 'METT'프로그램을 살펴보았다.

제 1 절 인간행동의 특징

Morris는 30여년 동안 전 세계를 여행하면서 인간행동의 특징을 관찰하여 'Man Watching'[11)]이라는 책을 썼으며, 이 책에서 그는 전 세계 공통적으로 나타나는 인간의 동작, 제스처, 그리고 행동의 특징 등을 서술하였다. 세부적으로 살펴보

10) Desmond Morris는 1928년 영국 윌트셔에서 태어나 옥스퍼드대학에서 박사학위를 받고, 1959년부터 1967년까지 런던 동물원 포유류 원장을 지냈다. 동물 보호와 행동연구에 힘썼으며, 1967년 출간된 '털없는 원숭이'는 전 세계 20여개 언어로 출간되어 1,000만부가 넘게 판매되었고, 그 뒤로 지속적으로 인간행동의 특징을 연구한 결과 1970년대 중반에 'Man Watching'이라는 책을 출간하게 된다.

11) '맨(man)'을 남성(male)의 개념과 혼동하여 일부에서 여성비하의 문제를 제기하여 2004년에 '피플워칭(people watching)'이라는 제목으로 개정 발간하였다.

면 5가지 동작의 개념과 7가지 유형별 제스처의 의미, 그리고 51가지의 인간행동의 각종 신호의 의미에 대해서 설명하였다. 본 연구에서는 Morris(2002)의 연구 중에서 민간경비원 전문화를 위해 필요한 부분만을 선택하여 살펴보았다.

1. 의도 동작

사람은 어떤 동작을 하려고 할 때 흔히 약간의 예비적인 움직임을 보인다. 그러한 움직임은 우리가 무엇을 하려는가를 나타내는 단서가 되며, 이것을 의도동작(intention movement)이라고 부른다. 우리가 새로운 활동을 어려움 없이 시작할 수 있는 상태라면 그것이 무엇이든 망설이지 않으므로 "최초의" 움직임이 그 행동의 모든 패턴으로까지 막힘없이 전개된다. 그러나 어떤 이유로 우리가 망설이게 되면 우리는 먼저 작은 동작만을 행한다(Morris, 2002: 250).

이러한 의도동작의 예로서 권투경기를 살펴보면 여기서 가장 중요한 의도동작은 실제로 공격을 개시하는 운동이 아니라 시늉만의 운동, 곧 페인트(feint)이다. 권투 선수는 자기가 주먹을 약간 움직이거나 몸을 구부리거나 하면 상대방이 그것을 미묘한 공격의 의도로 알고 있으므로 시늉만의 의도동작을 미끼로 사용하여 상대방의 허점을 노린다.

Morris(2002: 251)는 야구경기의 타자나 골프선수들이 실제 타구 전 여러 번에 걸쳐 연습스윙을 실시하는 행동이나 '의자의 팔걸이 잡기'도 의도동작의 예라고 하였다. '의자 팔걸이 잡기'란 손님과의 대화중에 다른 약속으로 인해 일어나야 하는 상황에서 예의를 지키며 상대방의 감정을 살펴 자신의 감정을 억제할 때 일어나고자 하는 의도동작이다.

2. 대체 행동

사람이 내적 갈등이나 욕구불만에 빠지면 겉으로 부적절해 보이는 행동을 하는데 이를 대체행동(displacement activity)이라 말한다(Morris, 2002: 258). 대부분의 사람은 심각하던 심각하지 않던 어떤 문제에 직면하게 되었을 때, 또는 긴장상황에 있을 때 대체행동을 한다. 직장에서 중요한 일을 맡아서 스트레스가 쌓일 때 담배를 연신 피우기도 하고 머리를 긁적거리기도 하는데 결국 내적 갈등을 나타내는 것을 직관적으로 알 수 있다. 다시 말하면 대체행동은 안절부절 못하고 있는 사람의 억제하기 어려운 충동을 남에게 알려주는 중요한 사회적 신호인 것이다.

Morris(2002: 259)는 내적 갈등이 생겼을 때 대부분 일정한 대체 행동을 하는 것으로는 중요한 경기를 앞두고 있는 선수가 껌을 씹는 행위, 회의 중 어려운 질문을 대답하기 위하여 안경을 닦는 행위, 잘못을 저지르고 손톱을 깨무는 소년, 메모지를 여러 번에 걸쳐 가지런히 탁자에 정리하는 강연자, 머리카락을 쥐고 만지작거리는 공연전의 여자배우, 사교모임에서 목이 마르지 않은데도 물을 마시는 행위 등이 있다고 하였다.

3. 타방향 행동

타방향 행동(redirected activity)이란 처음에 의도한 사람과는 다른 사람을 향해서 취하는 행동 패턴으로 그 가장 두드러진 보기는 다른 방향으로 향하는 공격을 말한다. 만일 누군가가 제3자를 몹시 성나게 하면 그 사람은 상대방을 공격하려고 할 것이다. 그러나 상대방의 지위가 지배적이기 때문에 공격을 망설이게 되는 경우, 그 사람은 그 노여움을 겁내지 않는 덜 친한 다른 누군가에게 돌릴 가능성이 크다(Morris, 2002: 262).

즉, 욕구불만이 있을 경우 공격의 대상이 직접적인 관련이 있는 사람이 아니라 연관이 없는 다른 방향으로 향한다는 것이다. 공격하려는 자의 지위가 월등하여 공격이 불가할 경우 그 대상을 누군가에게 돌릴 가능성이 크다. 타방향 행동을 함으로써 최초의 문제가 해결되는 것은 아니지만 욕구불만은 해소하는 수단은 된다. 업무에 관한 일로 모욕을 당하고 집에 와서 부인 또는 자식에게 화풀이를 하는 경우나 거리나 공원에서의 이유 없는 폭력 등이 이에 해당된다(김창호 · 오재환, 2009: 4).

4. 장벽 신호

장벽신호란 사회상황으로부터 몸을 지키는 동작으로 사람들은 물리적 장벽 뒤로 숨으면 안정감을 느끼는 것을 말한다. 사회적 상황이 어떤 위협을 주게 되면 사람들은 금방 그와 같은 장벽을 만들려고 하는 충동을 느낀다. 예컨대 낯선 사람을 만난 어린아이가 어머니의 몸 뒤에 숨어서 그 사람이 어떤 행동을 할까하고 엿보는 행동이 이에 해당된다(김창호 · 오재환, 2009: 4).

Morris(2002: 270)는 장벽신호의 가장 대표적인 예로 '신체 교차하기'가 있다고 하였다. 자신의 몸 앞에 두 손 또는 두 팔을 마주치게 해서 '몽동이'모양을 만드는 것은 자신의 감정이 불안하거나 초조하여 상대방으로부터 자신을 보호하기 위한 행동이다.

5. 영역 행동

영역이란 방어를 하는 공간을 말한다. 사람은 어디를 가나 개인영역이 존재하므로 남이 그곳을 침범하거나 들어오면 위협을 느끼고, 반대로 너무 떨어져 있으면 불안감을 느낀다. 사람에 있어 개인 공간은 팔꿈치를 움직일 만한 여유가 있는 공간이다. 영역이 제 구실을 하려면 그곳이 영역이라는 것을 분명히 알릴 필요가 있다. 예를 들면, 담장이나 로프를 설치하거나 선을 긋는 행위 등이 있다(Morris, 2002: 184).

미국의 문화인류학자 Hall(1966)은 'The Hidden Dimension'에서 공간을 친밀한 거리(15㎝~45㎝ : 정서적으로 가까운 사람간의 공간), 개인적 거리(46㎝~1.22m : 사교모임 또는 친구 모임간의 공간), 사회적 거리(3.6m 이상 : 군중 연설이나 강의 장에서 공간)의 3가지로 나누었다. 이러한 거리는 나라와 민족마다 차이가 있으며, 개인간의 편안함을 느끼는 물리적 거리가 가장 먼 민족 중에 하나인 미국의 경우 친밀한 거리는 45㎝이내의 아주 가까운 거리로 보고 있다(최효선, 2002: 196 재인용).

군중의 조밀도가 증가함에 따라 각 개인은 좁혀진 개인공간을 갖게 되고 상황에 따라 점점 더 분노하고, 개인의 목적의식을 공고히 한다. 따라서 이러한 군중

심리를 잘 알고서 개인이 적정한 공간을 확보하여 침착해질 수 있도록 하고 충동적 행동이 발생치 않도록 해야 한다.

6. 눈동자 신호

사람의 얼굴을 주의 깊게 살펴보면 우리는 얼굴의 몇몇 부분들, 곧 이마의 선, 눈의 크기, 입술의 곡선, 턱의 모양 등이 표정과 관계가 있다는 것을 깨닫게 된다. 그러한 요소들이 모여서 얼굴 전체의 표정이 되며, 그 표정에서 우리는 상대방의 기분을 읽어내기도 한다. 그러한 우리는 사람들이 실제로는 즐겁지 않는데도 "즐거운 듯한 얼굴"을 하거나, 슬프지 않은데도 "슬픈 듯한 얼굴"을 할 수 있다는 것을 알고 있다. 곧 얼굴은 거짓말을 한다. 그리고 때로는 그 거짓말이 너무 능란해서 얼굴에서 상대방의 진정한 기분을 읽지 못하는 경우도 있다. 그러나 얼굴의 신호 가운데에서도 쉽게 거짓말을 못하는 신호가 있다. 그것은 작은 신호이며 다소 미묘한 신호이지만 진실을 말하기 때문에 특히 흥미를 끈다. 그 신호는 눈동자, 곧 동공에서 나오며, 동공에 들어오는 빛의 양에 따라서 변하는 동공의 크기와 관계가 있다(Morris, 2002: 243).

인간의 동공은 색채를 가진 홍채의 중앙에 있는 두 개의 검은 점처럼 보인다. 그것은 빛이 눈으로 들어가는 입구이며, 밝기에 따라서 그 크기가 변하는 것은 누구나 알 수 있다. 밝은 햇빛 아래서는 그 크기가 2mm정도의 크기로 줄어들지만 날이 어두워지면 햇빛 아래 있을 때의 4배까지 확대된다. 동공은 빛뿐만 아니라 감정에 의해서도 영향을 받는다. 우리가 무엇인가 흥분을 느낄만한 것을 보았을 때, 그것이 즐거운 일이건 공포이건 동공이 확대된다. 그 변화는 대개 무의식중에 일어나고 제어할 수 없는 것이므로, 진정한 감정을 보여주는 귀중한 단서가 된다(김창호 · 오재환, 2009: 5).

제 2 절 행동촉발질문

리드 테크닉의 설립자인 Reid는 지난 50년 이상 진실한 피의자와 기만적 피의자를 입증하는 언어적 행동과 비언어적 행동을 연구해 왔는데, 그러한 연구와 관찰을 통해 진실과 기만에 관련된 행동에 대한 데이터베이스를 개발해 냈다. 그는 거짓말탐지기 조사관으로 일해 오면서 자신이 검사한 진실한 피의자와 기만적 피의자 간의 행동적 차이를 관찰한 후 1953년 그의 동료 Archer와 함께 총 809명의 거짓말 탐지기 피검사자의 행동에 대한 5년간의 연구결과를 발표했다. 그 연구결과는 진실을 말하는 피의자들이 실제로 구조화된 면담 동안 거짓말을 하는 피의자와 다른 행동을 보인다는 믿음을 뒷받침해 주었다(김종률, 2004: 109).

1990년과 1992년에 John Reid는 국가 보안국을 통해 행동 분석 분야에서 보다 차원 높은 연구를 수행하였고, 여기서도 전문적인 체계화된 질문을 하는 동안 피의자의 행동이 진실을 말하는지 또는 정보를 숨기고 있는지를 드러낸다는 점을 분명히 확인시켜 주었다. 그렇게 개발된 전문적이고 체계화된 질문이 바로 행동촉발질문(behavior provoking questions)이다(김종률, 2004: 109).

Jayne & Buckley(1999: 67)는 행동분석 면담 중에 피의자는 언어적 행동(사과 메시지를 전하는 어휘나 어구의 선택), 준언어적 행동(속도, 음의 고저·장단, 지속성), 비언어적 행동(신체자세, 팔과 다리 움직임, 시선접촉과 얼굴표정)과 같은 세 가지 경로를 통해 의사소통을 한다고 했다.

또한 Jayne & Buckley(1999: 68)의 연구에서는 행동분석 가이드라인은 진실이나 기만에 항상 연결되는 독특한 행동은 없지만 전형적인 것으로 분류할 수 있는 행동은 있다고 하였다.

수사관은 의사소통이 세 가지 경로 내의 일치를 살펴봐야 한다. 만약 언어적 반응이 자신 있고 진지한 것이라며 비언어적 행동과 준언어적 행동도 똑같은 취지를 전달하고 있어야 한다. 하지만 의사소통의 경로 내에 부조화가 있을 때에는 수사관은 조심스럽게 피의자의 언어적 반응이 보다 덜 솔직할 가능성을 고려해야 한다.

비언어적이고 준언어적인 행동은 피의자의 언어적 행동과 관련하여 평가하여야 한다. 예를 들어 피의자가 말을 주저하면서 길게 끌고 바닥으로 고개를 떨어뜨린다고 상상해보자. 이런 행동은 피의자가 범죄에 개입되어 있음을 나타낸다. 반대로 이와 같은 행동이 피의자가 자신이 가담했던 과거의 범죄에 관하여 말하고 있을 때 일어난다면, 그것만으로 피의자가 진실을 말하고 있지 않다고 추론하는 것은 부적절하다.

면담조사 중 피의자 행동의 전체적인 인상을 평가한다. 피의자의 진실이나 기만을 뒷받침하는 한두 가지 행동관찰만으로는 추론을 지지하기에 불충분하다.

수사관의 태도와 질문방식은 피의자의 행동에 영향을 줄 수 있다. 예를 들어 진실을 말하는 피의자는 수사관이 모호한 질문을 던지거나 심증을 굳힌 듯한 태도를 보이면 오도된 행동을 보일 수 있다.

1. 내용

행동촉발 질문은 특정화된 질문을 모델을 통해 상대방의 진실한 반응과 기만적 반응을 구별 짓는 원리이다. 세부적으로 질문목적, 응수타진, 지식, 의심, 면책, 사건발생 현실성, 기회, 범의, 반대, 결과, 태도, 처벌, 다시 한번 기회 등 14개 특정 항목별로 모델화된 질문을 해가면서 상대방의 기만적 또는 진실 반응을 살피는 것이다. 세부적인 사항은 Jayne & Buckley(1999)의 내용을 각색한 김종률(2002: 59~64)의 논문을 인용하였다. 여기서 Q는 질문 유형을 T는 진실한 반응을 D는 기만적인 반응을 나타낸다. 본 연구에서는 행동촉발질문 14개 항목 중에서 민간경비에 활용할 수 있는 조사목적, 응수타진, 지식, 태도, 기회 등의 5가지 항목만을 제시하였다.

1) 조사목적

Q : 오늘 조사의 목적이 무엇인지 알고 있나요?

T : 조사 중인 사안을 거론하는데 편안함을 느낄 것이다. 사안에 대해 풍부하고 완전하게 규정한다. “훔치다”, “죽이다”, “강간하다”와 같은 규정적

인 언어를 사용하고 절도사건의 경우에는 피의자가 무엇이 도난 되었는가에 대해 구체적으로 언급할 수가 있다. 예를 들면 "이건 분명히 도난당한 200만원과 관련되어 있지요."라고 말할 것이다. 또한 인면손상과 관련된 사건에 있어서는 피의자는 그것을 알고 있는 경우라면 피해자의 이름을 사용할 것이다.

D : 조사 중인 사안을 거론하는데 불편함을 드러내고, 애매하거나 간단히 답할 수 있다. 도난 된 것이라든가 피해자의 이름 같은 구체적인 내용을 말하지 아니한다. 예를 들어 "정말로 아무것도 몰라요."라고 말할 것이다.

2) 응수타진

Q : 당신이 이 사건과 조금이라도 관련이 있다면 지금이라도 말해주겠소?

T : 즉각적으로 강하게 부인을 할 것이다. 예를 들면 "절대 아니에요. 나는 그 사건과 아무관련이 없어요."라고 말할 것이다.

D : "당신에게 별로 도움이 되지 않을 거예요."처럼 회피적인 반응을 보일 수 있다. 연습한 반응임을 드러내는 듯이 축약하지 않은 부인을 할 수도 있다.

3) 지식

Q : 누가 했는지 아나요?

T : "아이, 아무것도 몰라요. 도울 수 있으면 좋겠는데…"라고 하며 조사를 도울 수 없다는 점에 진지하게 유감을 표시할 수도 있다. "확실치는 않지만 이것에 관련됐을 거라고 생각하는 사람이 있어요."라고 말하며 그가 의심하고 있는 사람이 있다고 넌지시 비치면서 그의 부인은 신빙성을 더할 수도 있다.

D : "아니요, 모릅니다."처럼 또박또박 말한다. "나는 아무것도 몰라요."라고 말이 생각 없이 재빨리 나오면서 관심의 결여를 반영할 수도 있다.

4) 태도

Q : 이 사안에 관련하여 조사받는 것을 어떻게 느끼십니까?

T : 일반적으로 긍정적인 감정을 표현한다. 전형적인 진실한 반응의 예로는 "나는 숨길 것이 없기 때문에 이것은 별로 귀찮지 않아요." 또는 "도둑을 잡는데 도움이 된다면 필요한 것은 무엇이든지 기꺼이 하겠습니다." 등이 있다.

D : 부정적이거나 비판적인 감정을 더 자주 표현한다. "당신이 왜 나한테 이런 얘기를 하고 있는지 모르겠네요."같은 반응들은 전형적인 기만반응이다. 기만적인 피의자는 이 질문에 직접적인 반응을 회피할 수도 있다. 예를 들어 "당신은 당신 일을 하고 있지요"와 같은 말을 할 것이다.

5) 기회

Q : 이런 범죄를 저지를 거라고 생각이라도 해본 적이 있나요? 당신이 하려고 한 것이 아닐지라도…

T : "결코", "말도 안돼요."처럼 그런 생각을 가지는 것에 대해 완강하게 부인한다.

D : "심각하게는 아니죠, 아니에요."처럼 부인을 한정할 수 있다. 어떤 경우에는 기만적 피의자는 범죄를 저지를 생각을 가졌다는 것을 숨김없이 인정할 것이다. 예를 들면 "글쎄요. 확실히 생각해 봤어요. 돈 옆에서 일하는 사람은 누구라도 그걸 가질 생각을 하지요."라고 말할 것이다.

이상에서 행동촉발질문 중에서 민간경비 산업에서 활용될 수 있는 질문 유형 5가지를 살펴보았다. 행동촉발질문의 핵심은 수사 과정에서 신문을 하기에 앞서 피의자로 의심이 가는 자가 진범인지를 확인하기 위한 면담기법으로 신문기법보다 비추궁적이고 대화적이며 정보수집을 목적으로 하고 있다. 따라서 국가 중요시설물에 근무하는 민간경비 근무자가 국가안보 유지 등의 중요한 임무를 수행하는 경우에 2차적으로 이러한 질문기법을 이용한다면 과학적이고 효율적인 근무를 할 수 있을 것이다.

지금까지 인간의 심리와 행동의 이해를 위한 선행연구와 체계적이고 과학적인 질문기법에 관한 선행연구를 살펴보았다. 다음 장에서는 이러한 질문기법과 연계하여 활용할 수 있는 관찰기법의 일환으로 제시하고자 하는 'METT'프로그램에 대해서 알아보도록 하겠다.

제 3 절 미세표정 훈련도구(METT)

1. 얼굴 움직임 해독법(FACS)

Ekman(2003: 23)의 연구에 의하면 인간의 몸엔 총 178개 정도의 근육이 있고 그중에서 1/3 가량인 50개가 얼굴에 집중되어 있고, 표정이란 이러한 얼굴 근육들의 수축과 이완이 만들어내는 결과라고 한다.

캘리포니아 의과대 심리학교수였던 Paul Ekman은 텔레비전 등 대중매체와 단절되어 있고 외부인들과의 접촉도 거의 없는 시각적으로 완전히 고립된 포레족 연구를 통해 이와 같은 사실을 밝혀냈다.

Ekman은 세계를 돌며 다양한 민족의 수많은 표정을 사진을 찍어서 꼼꼼하게 분류했고, CNN과 같은 뉴스 프로그램에 나오는 일반인의 표정도 연구했다. 심지어 얼굴의 움직임을 알아내기 위해 자신의 피부 속에 직접 바늘을 꽂아 전기자극을 줘서 표정을 만들기 하고, 자신의 친딸을 실험대상으로 이용하기도 하였다. 그토록 다양한 조합 중에서 Ekman은 특별히 유의미한 표정 3천가지를 골라내어 거기 쓰인 근육에 번호를 붙여나갔다. Ekman이 찾아낸 얼굴 근육은 총 46가지였고, 그는 이걸 작동 단위별로 나누어서 일련번호를 붙였다. 결과적으로 1978년에 시각적으로 구분 가능한 얼굴 움직임으로 정의되는 '얼굴 움직임 해독법(FACS : Facial Action Coding System)'을 개발하였다. FACS에는 46개의 표정 유닛이 있으며, 이의 조합을 통해 다양한 얼굴 표정을 생성할 수 있다. FACS에서 정의하고 있는 46개의 표정 유닛 중에서 특징적인 표정 유닛은 〈표 1〉과 같다(최현일, 2000: 25).

〈표 1〉 FACS

표정유닛	의미
AU-1	속눈썹이 올라감(inner brow raiser)
AU-2	눈썹이 올라감(outer brow raiser)
AU-4	눈썹이 내려감(blow lower)
AU-5	위쪽 눈꺼풀이 올라감(upper lid raiser)
AU-6	뺨이 올라가고 눈이 작아짐(cheeks are raised, eye opening is narrowed)
AU-7	눈꺼풀이 좁아짐(lid tightener)
AU-9	코를 찡그림(nose wrinkled)
AU-10	위쪽 눈꺼풀이 올라감(upper lid raiser)
AU-11	눈가에 깊은 주름이 생김(lid furrow deepener)
AU-12	눈꺼풀 주변이 당겨짐(lid corner puller)
AU-13	뺨이 볼록해짐(cheeks puffer)
AU-15	눈꺼풀 끝이 억제됨(lip corner depressor)
AU-16	아랫입술이 억제됨(lower lip depressor)
AU-17	아래턱이 올라감(chin raiser)
AU-20	입술이 올라감(lip stretcher)
AU-23	입술을 굳게 다물음(lip tighter)
AU-24	입술이 당겨짐(lip presser)
AU-25	입술의 비대칭(lip part)
AU-26	턱이 내려감(jaw drops)
AU-27	입이 크게 벌어짐(mouths stretched open)
AU-28	입술을 빨음(lip suck)

자료 : 최현일(2000: 25) 재구성

또한 제안된 시스템에서 인식하고자 하는 주요 표정을 FACS에서 정의한 표정 유닛에 기반하여 서술할 경우 〈표 2〉와 같이 나타난다(최현일, 2000: 26).

〈표 2〉 주요 표정에 대한 유닛

표정	표정 유닛의 조합
공포	AU-1,AU-2,AU-4,AU-5,AU-7,AU-15,AU-20,AU-25
화남	AU-2,AU-4,AU-5,AU-10,AU-23,AU-24,AU-28
슬픔	AU-1,AU-4,AU-7,AU-15
경멸	AU-4,AU-9,AU-10,AU-17
기쁨	AU-1,AU-2,AU-5,AU-6,AU-10,AU-12,AU-13,AU-20,AU-25
놀람	AU-1,AU-2,AU-5,AU-26

자료 : 최현일(2000 : 26).

2. 미세표정 훈련도구

Ekman은 이러한 FACS에 기반을 두어 표정 근육의 움직임을 관찰해서 인간의 현재 심리상태를 읽을 수 있다는 것을 알아냈다. 다시 말해서 인간의 심리상태를 얼굴 표정을 통해 알아낼 수 있다는 것이다. 구체적으로 FACS에 근거하여 세부적인 근육 유닛의 조합으로 화남, 두려움, 슬픔, 역겨움, 놀람, 기쁨, 경멸 등의 7가지 감정을 과학적으로 알 수 있다는 것을 밝혀냈다. Ekman 교수는 사람의 심리상태를 알려주는 이러한 얼굴 표정을 '미세표정(Micro Expressions)'이라고 규정하였다. Ekman(2003: 15)에 의하면 이는 15분의 1초정도 이하로 지속되는 것으로 사람들이 숨기려고 하는 감정을 알아내는 결정적인 증거라고 말한다.

미세표정은 훈련되지 않는 사람에게 인지하기 힘든 순간의 감정 표시이다. Ekman은 자살과 환각의 계획을 숨기려는 정신병 환자와의 의학적 인터뷰를 통해서 이러한 미세표정을 발견했다. 그들은 후에 미세표정을 '짓누르고, 중화하고, 감춘 표시의 형태'로 정의했다. Ekman(2003: 16)은 이러한 미세표정은 얼굴 근육 전체 움직임으로 보여주지만, 짧은 시간 내에 사라지기도 한다고 하였다. 미세표정은 사람들이 그들의 진실한 감정을 숨기려고 할 때 순간적인 표정을 통해 그들의 감정정보를 알 수 있게 해준다는 점에서 중요하다고 하였다.

Ekman은 미세표정을 통해 체계적으로 사람의 감정을 측정할 수 있는 실험을 하게 된다. 동일의 1초의 평시 표정 안에 담겨져 있는 0.5초의 강렬한 표정을 통해 그 사람의 감정을 읽어내는 JACBART(Japanese and Caucasian Brief Affect Recognition Test)을 개발하게 된다. 이 실험은 복합적이고 다양한 감정의 범위와 세부적인 감정 구분을 통해 감정 인식 신뢰도를 높이는 계기가 되었다(Ekman et al., 2008: 10).

결과적으로 Ekman은 JACBART의 지속적인 연구·보안을 통해 감정 인식 능력의 개개인의 차이를 측정하고, 감정 인식 방법을 교육시킬 수 있는 도구를 개발하게 된다. 이 도구가 바로 METT(Micro-Expressions Training Tool)이다. 이는 사람의 감정을 구분하기 위해 0.5초 정도의 짧은 시간에 해당하는 미세표정을 보여주고 진실한 감정을 맞추고 피드백 하는 도구이다.

세부적으로 METT에서 가장 대표적인 감정으로 교육하는 것으로는 슬픔, 화남, 놀라움, 두려움, 기쁨, 역겨움, 업신여김 등 7가지 감정이 있다. 〈표 3〉은 Ekman 교수가 규정하는 각 감정들이 시작되었을 때 나타나는 미세표정의 특징들이다.

〈표 3〉 각 감정들의 미세표정 특징

감정	미세표정 특징	얼굴 표정
슬픔	• 양쪽 눈썹이 가운데로 몰리면서 올라가면서 수직주름 발생 • 양쪽 빰이 올라감 • 입가가 밑으로 쳐지면서 입술이 팽팽해짐	
기쁨	• 얼굴 양쪽 빰이 위로 올라감 • 눈섭 사이가 좁아지고 눈 둘레에 주름이 생김 • 입가의 주름이 빰쪽으로 올라감	

<table>
<tr><td>놀라움</td><td>• 위쪽 눈꺼풀이 위로 올라감
• 턱이 아래로 떨어지면서 입이 벌어짐</td><td></td></tr>
<tr><td>화남</td><td>• 눈썹이 가운데로 모이면서 아래로 향함
• 눈이 커지면서 노려봄
• 정사각형이나 직사각형으로 벌인 입
• 화를 참을 경우에는 입술을 다물면서 얇아짐</td><td>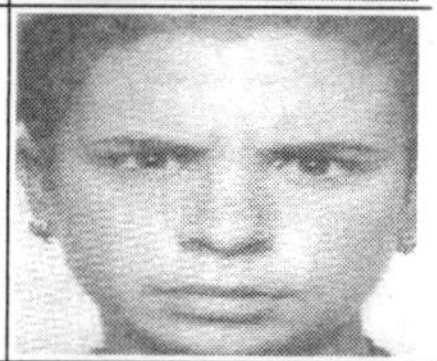</td></tr>
<tr><td>두려움</td><td>• 위쪽 눈꺼풀이 위로 올라가고 가운데로 몰리며 아래 눈꺼풀에 힘이 들어감
• 입술이 귀를 향해 일직선이 되면서 팽팽해짐</td><td>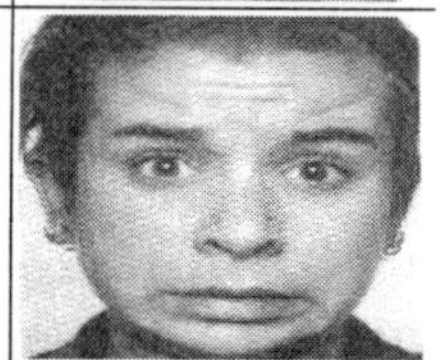</td></tr>
<tr><td>역겨움</td><td>• 윗입술이 최대한 올라가고 아랫입술도 따라 올라가면서 약간 돌출됨
• 콧구멍에 양쪽 입가로 깊은 주름이 생김
• 뺨이 위로 올라가고 눈썹이 아래로 처지면서 주름이 생김</td><td></td></tr>
<tr><td>업신여김</td><td>• 얼굴 좌우 대칭이 일그러짐
• 입가에 힘이 들어가면서 살짝 올라감</td><td>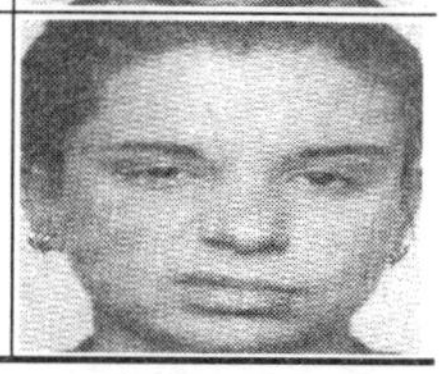</td></tr>
</table>

자료 : 이민아(역)(2006: 150～346 재구성).

〈그림 1〉부터 〈그림 4〉는 이러한 미세표정에 근간한 감정포착 훈련을 온라인 상에서 실제로 훈련할 수 있는 'METT 2'[12]의 실제 훈련 영상이다. 본 연구를 위해 해당 온라인 프로그램에 회원 가입 후에 실제 프로그램을 실습해 봄으로써 해당 프로그램의 효과를 체험한 결과이다.

세부적으로 살펴보면 먼저 훈련 전에 사전테스트를 통해 교육생이 미세표정에 대해 얼마나 알고 있는지를 평가한다. 즉, 7가지 인종별(흑인, 백인, 라틴아메리카인, 중동인, 동양인, 인디안, 파키스탄인)로 남성과 여성의 미세표정을 무작위로 보여주면서 7가지 감정을 맞추게 된다. 그리고 7가지 감정별로 미세표정의

12) mett1 프로그램의 업그레이드 버전으로서 기존 프로그램보다 사람 감정포착 훈련이 세부화 되었고, 훈련 시간도 30분 추가되었음.

특징을 설명해주고 하단의 그림과 같은 실제 테스트를 하는데, 총 21명의 각기 다른 인종의 남성과 여성의 미세표정을 무작위로 보여주면서 해당 감정을 맞추게 된다. 또한 본 테스트가 종료되면 사후테스트를 제공하여 28명의 표정을 테스트한다. 이는 사전 테스트 때의 점수와 비교하여 훈련 후에 교육생이 7가지 감정 선별 능력이 얼마나 향상되었는지를 보여주는 것이다.

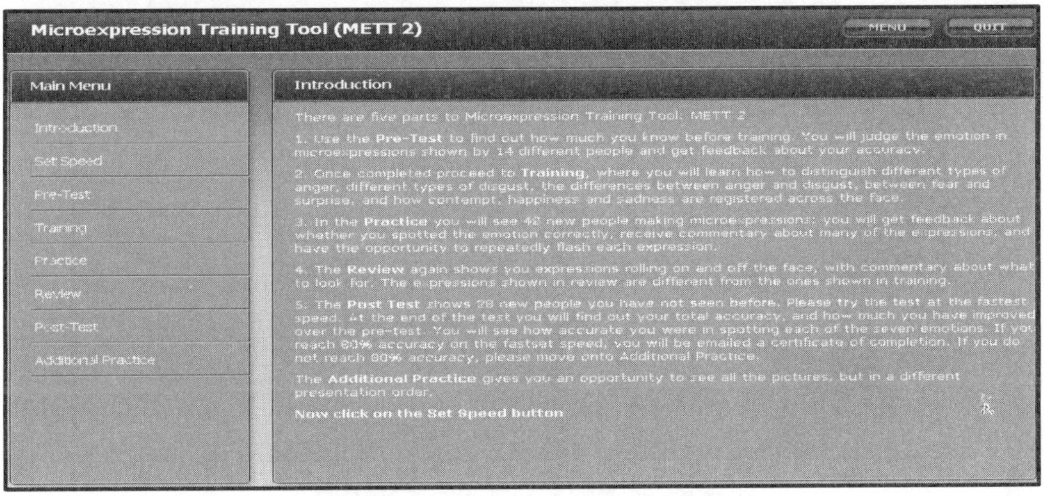

〈그림 1〉 METT 프로그램 초기영상

자료) http://mettonline.com(2009. 6. 21 검색)

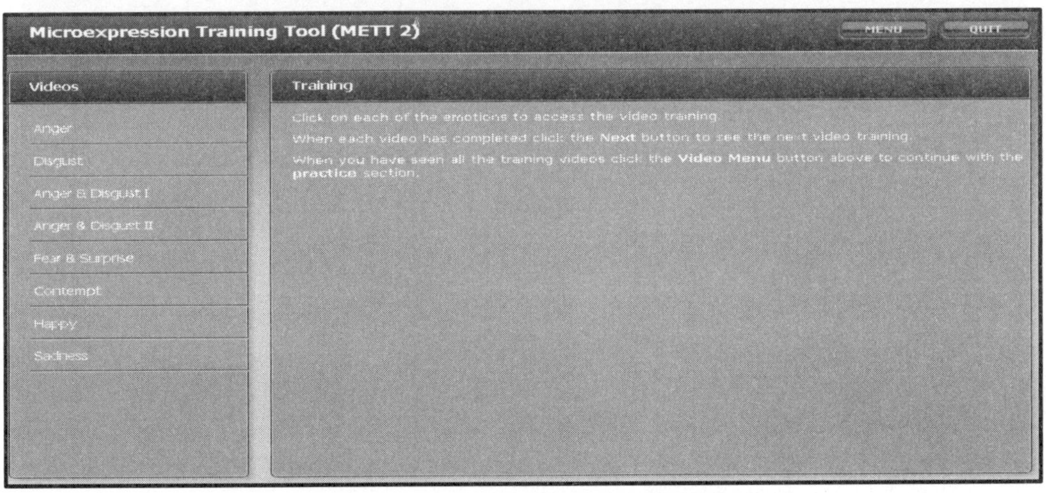

〈그림 2〉 METT 프로그램 훈련영상

자료) http://mettonline.com(2009. 6. 21 검색)

<그림 2>는 훈련 소개 이후에 해당 훈련에 대한 속도를 설정하는 영상이다. 이러한 훈련 속도 설정 후에는 <그림 3>과 같은 사전테스트 훈련을 실시하게 된다.

<그림 3>은 훈련 소개 이후에 해당 훈련에 대한 속도를 설정하는 영상이다. 이러한 훈련 속도 설정 후에는 <그림 4>와 같은 사전테스트 훈련을 실시하게 된다.

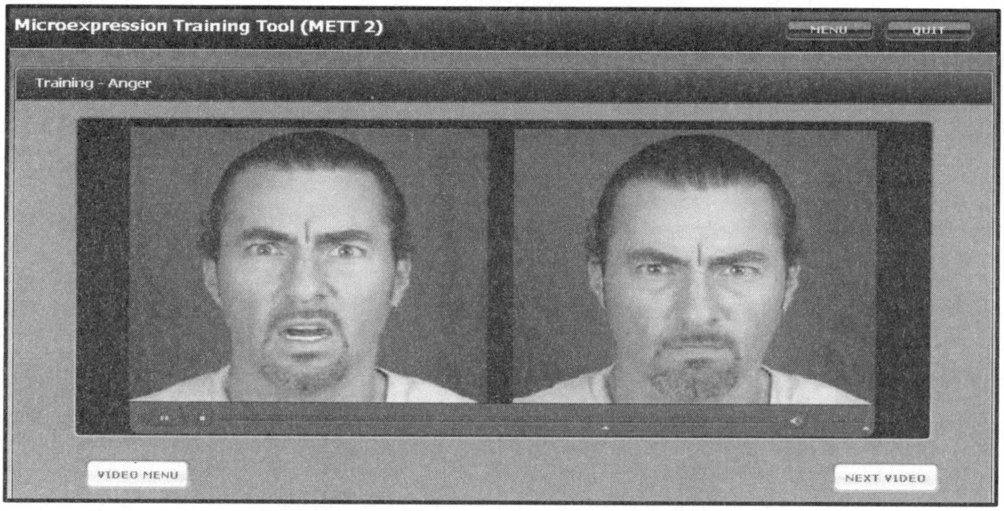

<그림 3> METT 프로그램 훈련영상

자료) http://mettonline.com(2009. 6. 21 검색)

<그림 4> METT 프로그램 훈련영상

자료) http://mettonline.com(2009. 6. 21 검색)

〈그림 4〉는 〈그림 3〉과 같이 7가지 감정에 대해서 세부적인 지식을 습득하고 실질적으로 각 감정들에 대해 환경설정에 의한 속도에 의해 7가지 인종별(흑인, 백인, 라틴아메리카인, 중동인, 동양인, 인디안, 파키스탄인)로 남성과 여성의 미세표정을 무작위로 보면서 7가지 감정을 맞추는 화면이다. 총 42명의 각기 다른 인종의 남성과 여성의 미세표정을 무작위로 보여주면서 해당 감정을 맞추게 된다. 또한 본 테스트가 종료되면 사후테스트를 제공하여 28명의 표정을 테스트한다. 이는 사전 테스트 때의 점수를 비교하여 훈련 후에 교육생이 7가지 감정 선별 능력이 얼마나 향상되었는지를 보여주는 것이다. 훈련 후에는 점수별로 미달자는 사후 테스트를 실시하게 되고 일정 점수이상자는 해당 교육 자격증을 수료받게 된다.

또한 이러한 미세표정에 의한 감정 포착 훈련이 숙달되었다면, 〈표 4〉, 〈표 5〉 와 같이 해당 감정별로 속임수 단서를 통해 상대방의 거짓반응도 알아낼 수 있다. 이는 현장 근무 중에 거동수상자를 발견하였을 경우 적절한 질문을 활용하여 상대방의 거짓반응을 포착할 수 있는 능력을 함양시켜 줄 것이다.

〈표 4〉 거짓 반응 단서1

거짓감정	속임수 단서
두려움	• 이마의 불수의근이 움직이지 않는다.
슬픔	• 이마의 불수의근이 움직이지 않는다.
행복	• 눈 근육이 움직이지 않는다.
열정, 몰두	• 설명 동작이 증가하지 않는다. • 설명 동작의 타이밍이 맞지 않는다.
부정적 감정	• 땀을 흘리지 않는다. • 호흡이 변하지 않는다. • 조작동작이 증가하지 않는다.
감정	• 비대칭 표정 • 갑작스런 온셋 또는 오프셋 • 엉뚱한 말

주: 1) 온셋은 감정이 나타날 때 걸리는 시간을 의미함
2) 오프셋은 감정이 사라질 때 까지 걸리는 시간을 의미함
자료 : 이미숙(역)(2003: 156).

〈표 5〉 거짓 반응 단서2

주요 행동
평소보다 손짓이 적어진다.
어깨를 으쓱하는 몸짓의 사용이 증가한다.
유별나게 자주 얼굴을 만진다.
특히 코를 쥐거나, 문지르고, 쥐어짜거나 만지는 행동을 한다.
보통 때와는 달리 사소한 행동을 자주 한다.
또는 이상할 만큼 조용하거나 침착한 모습을 보인다.
무표정한 얼굴을 하고 있다가 갑작스럽게 짧은 표정들이 스치고 지나간다.
옆쪽으로 눈길을 주거나, 진실을 이야기할 때와는 반대 방향을 바라본다.
말을 할 때 교활한 눈초리가 된다.
자주 눈길이 마주친다.
덥지도 않은데 땀을 많이 흘린다.
질문을 받으면 한참 뜸을 들이다가 대답한다.
대답을 할 때 평소보다 더 망설인다.
보통 때보다 느린 어조로 말한다.
목소리의 높낮이가 고르지 않다.
대화가 끊어지는 것을 싫어하고 어색한 침묵을 유난히 메우려고 노력한다.
일반적으로 높은 어조로 말한다.
말꼬리를 올린다.
짧은 단문을 자주 사용한다.
서로 모순적인 신호들을 사용한다.

자료 : 김동광(역)(2004: 159).

제4장

관찰 질문 기법 개발

제4장

관찰 질문 기법 개발

제 1 절 개 요

1. 기본 방향

해당 기법 개발 과정은 오재환(2010) 연구에서 실시하였던 민간경비원 신임교육 과정 중에서 '질문 · 검색 요령' 교육프로그램 개발 절차를 인용하였다. 연구 목적상 민간경비원을 대상으로 실시하였지만, 개발된 기법의 특성상 경찰 등 사회 질서 및 치안을 담당하는 인원은 물론이고 일반인들도 유용하게 활용될 수 있을 것으로 판단된다.

다만 수사권이 없는 민간경비원이나 일반인의 경우에 형법 276조[13]에 해당되는 논란의 소지가 발생할 수 있다. 즉, 현행법상 사인에 불과한 민간경비원 등이 거동수상자에 대해 검색 등의 적극적인 조치를 실시하는데 한계가 있기 때문에 이점에 유의해야 한다.

세부적으로 관찰 질문 기법 프로그램 개발을 위해서 체계적 접근에 의거한 교수체제설계(ISD : Instructional System Design)중에서 ADDIE 모형을 활용하였다. 전형적인 ISD 교수설계 과정은 분석(analysis), 설계(design), 개발(development), 실행(implementation), 평가(evaluation)의 5단계[14]로 구성되어있고, 해당 명칭 단계의 두음을 따서 ADDIE라고 한다.(이화여자대학교 교육공학과, 2004). 이러한 ADDIE

13) 형법 제276조(체포, 감금, 존속체포, 존속감금) ① 사람을 체포 또는 감금한 자는 5년 이하의 징역 또는 700만원 이하의 벌금에 처한다.

14) 요구분석, 직무과제분석, 설계, 개발, 실행, 평가의 6단계로 진행하나 본 연구에서는 요구분석과 직무과제 분석을 통합한 5단계 진행하였다.

의 모형을 활용하여 체계적이고 과학적인 관찰 질문 기법을 개발하였다. 〈그림 5〉 는 교육프로그램 개발과정을 도식화한 것이다.

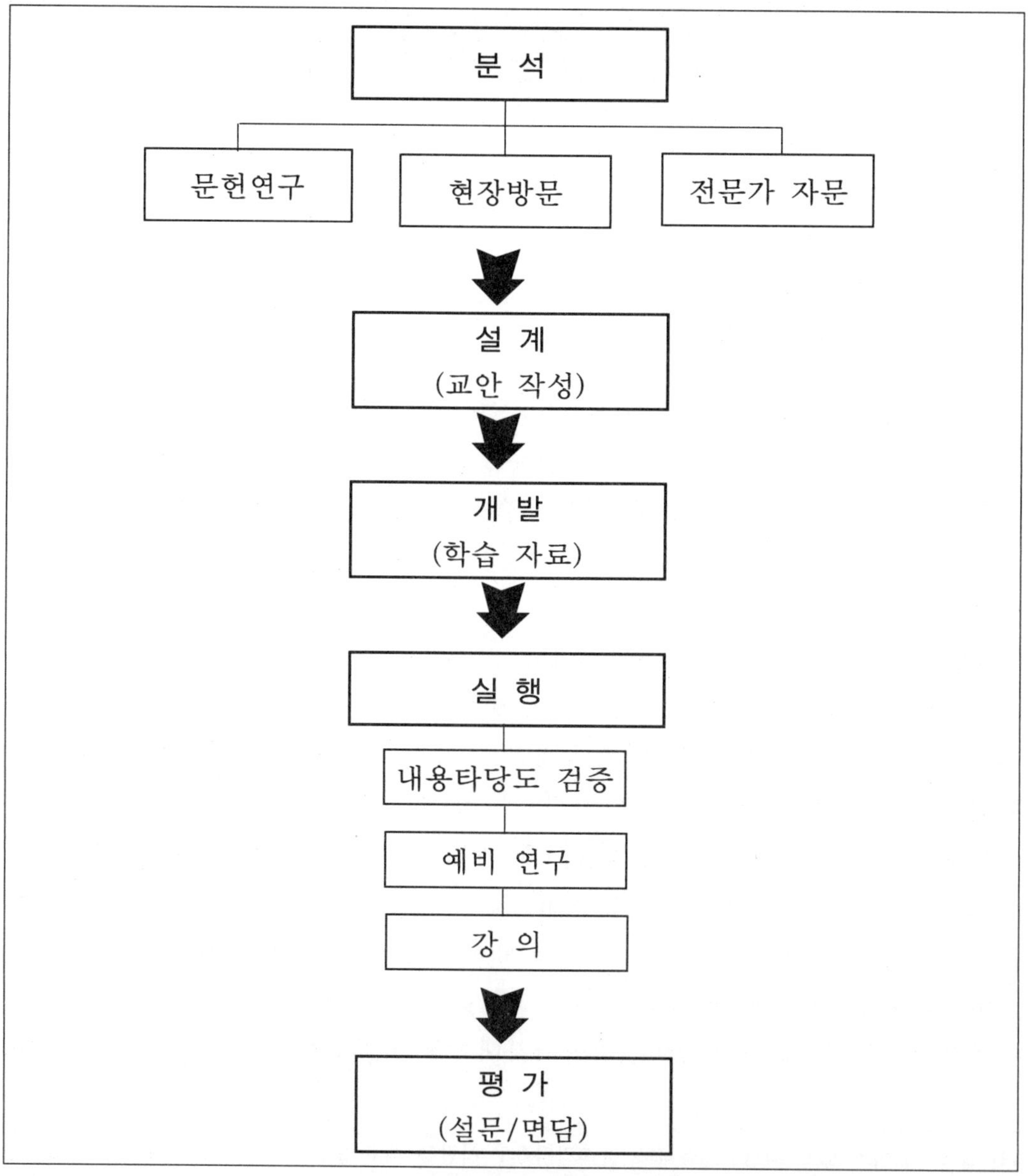

〈그림 5〉프로그램 개발 절차

자료 : 오인경 · 최정임(2005: 24), 〈그림1-2〉 수정

2. 단계별 개발 절차

1) 분석

현행 민간경비원 신임직원 교육훈련 중에 질문·검색 요령[15] 교육은 매우 중요한 과목임에도 불구하고 교재내용의 구성이 개념 설명위주의 추상적인 내용이고, 강의내용도 이론교육위주로 실시되어 해당 교육내용을 일선 근무현장에서 활용하는 것이 곤란하다.

이러한 문제점을 인식하고 민간경비업무 현장의 실질적인 상황을 확인하기 위해서 민간경비원 교육담당자[16]와의 현장 면담을 통해 해당 프로그램의 문제점 및 개선의 필요성을 확인하였다.

면담결과 민간경비원은 업무의 특성상 근무현장에서 다수의 출입인원 중에서 거동수상자를 식별하여 그로 하여금 해당 근무지내에서의 위해 여부를 확인해야 하지만 현행 '질문·검색 요령' 교육훈련 내용에는 이러한 상황을 해결할 수 있는 과학적인 관찰기법이나 체계적인 질문요령에 대한 교육이 없을 뿐만 아니라 실습을 통한 숙달 훈련 프로그램도 부재한 실정이라는 의견이 있었다.

이러한 문제점을 근거로 프로그램 개발을 위한 문헌 연구는 먼저 과학적인 관찰기법을 숙지하기 위해서 인간의 심리 및 행동에 대한 이해가 선행되어야 했다. 또한 과학적이고 체계적인 질문 기법에 대한 선행 연구는 미국 FBI, 경찰 등 주요 수사기관에서 활용하고 있는 행동 면담 분석기법인 행동촉발질문을 살펴보았다. 그리고 행동촉발질문 중에 상대방 얼굴의 움직임을 통한 진실반응과 거짓반응을 포착할 수 있는 실습프로그램인 METT 프로그램을 검토하였다.

추가로 METT 프로그램의 효과성을 확인하기 위해서 2009. 6. 21~6. 26(일주일) 동안 해당 온라인 프로그램에 유료 가입[17]하여 실습하여 그 활용 범위 및 방법을 확인하였다. 또한 행동촉발질문은 실질적으로 교육하고 있는 전문가와의 면담[18]을 통해서 민간경비원 교육에 활용 가능성을 확인할 수 있었다.

---

15) 현행 경비업법 제7조(경비업자의 의무)에 따라 민간경비원이 근무현장에서 거동수상자를 확인하여 질문 검색을 할 수 있는 경우는 해당 시설물의 소유주나 관리자의 허락이 있는 경우로 한정하고 있어 사인에 불과한 민간경비원이 근무지에서 일반인을 대상으로 검색을 실시하는 것은 논란의 소지가 있다. 따라서 교육과목도 '관찰질문 기법'으로 변경하는 것이 바람직하다.

16) 한국 경비협회 교육담당자(임**, 차장)와 2009년 7월 8일 사무실을 방문하여 면담 실시

17) http://mettonline.com/ 초기화면에서 아이디와 비밀번호 입력후 해당 프로그램을 구매(가격 : $69.00)하여 3회 실습하였음.

2) 설계

해당 프로그램의 개발은 과학적이고 체계적인 질문·검색 요령 교육프로그램을 활용하여 민간경비원이 근무현장에서 각종 위해 요인을 사전에 제거할 수 있는 능력을 가지게 하여 궁극적으로 민간경비원의 전문화를 구현하는 것을 목적으로 설계하였다. 해당프로그램 개발의 목표는 〈그림 6〉과 같다.

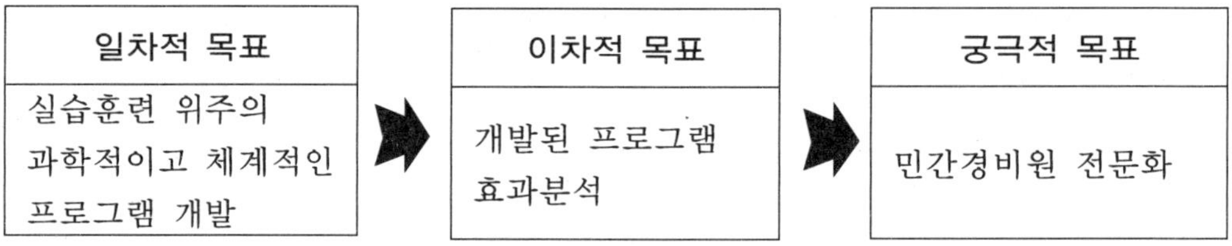

〈그림 6〉목표 설정

이러한 목표를 근간으로 하여 2009년 7월 1일에 해당 프로그램의 강의계획서를 작성하였다. 세부 사항은 부록에 제시되어 있다.

3) 개발

개발된 프로그램의 주요내용은 먼저 거동수상자를 확인하는 척도가 되는 관찰기준표가 있다. 이는 Morris(2002) 연구에서 나타난 인간의 행동이나 심리의 특징 중에서 민간경비원에게 활용 가능한 6가지 특징을 근거로 하여 개발하였다. 또한 관찰기준표를 바탕으로 하여 거동수상자를 대상으로 진실 및 기만반응을 분별하기 위한 기법으로 행동촉발질문, 상대방의 얼굴 및 행동에서 보이는 기만반응을 포착하기 위한 기법인 METT 프로그램으로 구성되어 있다.

이러한 프로그램 개발에 필요한 세부 자료를 확인하고 구성한 후에는 2009. 7. 1~7. 7[7일]의 기간동안 해당 교육과 관련된 강의자료(파워 포인트)를 개발하였다. 해당 강의자료는 부록에 제시하였다.

18) 대검찰청 심리분석관(김＊＊)과 2009년 7월 10일에 전화면담 실시

4) 실행

이러한 과정을 통해 '질문 · 검색 요령' 교육 프로그램을 개발하는데, 해당 프로그램의 활용방법 및 세부내용은 〈그림 7〉과 같다.

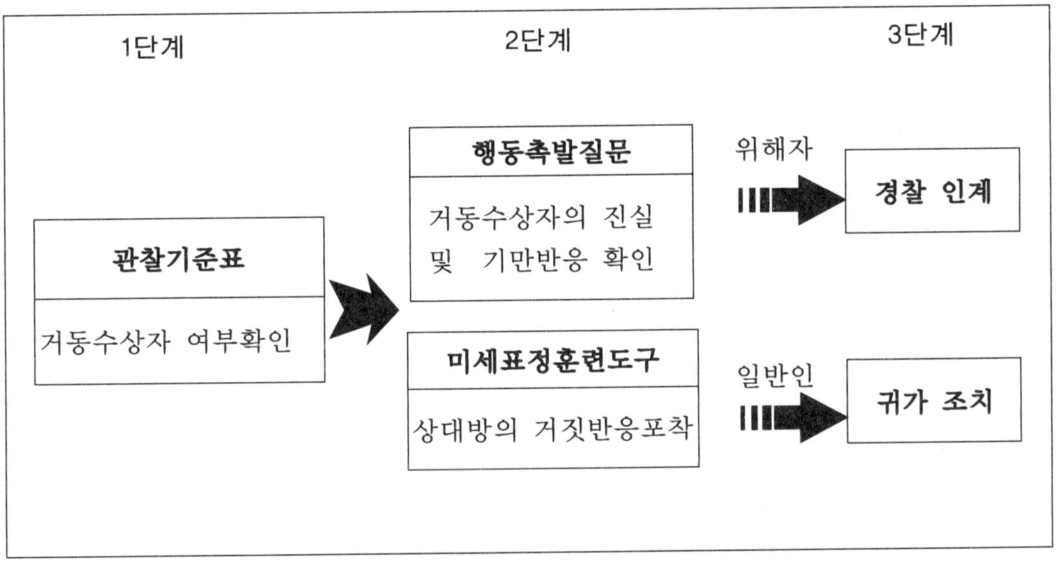

〈그림 7〉개발된 '질문 검색 요령' 모형

프로그램을 개발한 후에는 해당 강의자료의 활용가능성을 확인하기 위해 서울 민간경비 협회 및 에스텍 교육담당자[19]등의 전문가를 통해 해당 프로그램의 내용타당도를 확인하였다. 또한 이러한 내용타당도 검증 후에는 2009. 7. 28~29(2일)에 걸쳐 연대병원 근무하는 에스텍 소속의 민간경비원 5명을 대상으로 예비조사를 실시하였다. 내용타당도 및 예비조사 결과는 해당 프로그램이 다소 어렵게 느껴지는 부분이 있지만 대체로 개발된 프로그램이 민간경비원에 필요한 교육이라는 의견이 대부분이었다.

이러한 예비조사를 마친 후에는 서울, 경기 소재의 민간경비원 신임직원 교육대상자 170명을 대상으로 2009. 7. 15~8. 15(1달)기간 동안 해당 기관의 협조를 얻어 저자가 직접 개발한 '질문 · 검색 요령' 교육을 실시하였다.

19) 한국 경비협회 교육담당자(임**, 차장)는 2009년 7월 23일에 사무실을 방문하여 면담을 실시하였고, 에스텍 교육담당자(신**, 과장)는 2009년 7월 27일에 사무실 방문 면담을 실시하였다.

5) 평가

해당 프로그램의 효과를 분석하기 위해서 2009. 7. 15~10. 5(3달)기간 동안 서울 및 경기지역 민간경비 신임직원(246명)을 대상으로 설문을 실시하였다. 세부적으로 살펴보면 개발된 프로그램과 기존프로그램과의 차이를 확인하기 위해서 준실험 설계를 통해 실험집단과 통제집단을 설정하여 각각 개발된 프로그램과 기존 프로그램을 처치하고 설문을 받아보았다. 참고로 개발된 프로그램은 관련기관과 협조를 하여 연구자가 직접 민간경비 신임직원을 교육하고 설문지를 받아보았다.

하지만 설문지 대상자 대부분이 민간경비업무에 종사한 경험이 없는 신임직원으로 해당 프로그램의 효과를 확인하는데 한계가 있었다. 본 연구에서는 이러한 한계점을 보완하고 개발된 프로그램의 효과를 정확하게 분석하기 위해 일정기간 민간경비업무에 종사한 인원을 대상으로 추가면담을 실시하였다. 세부적으로 설문지 문항에 해당되는 내용을 반구조화하여 일정기간 직무경험이 있는 민간경비 종사자 및 교육담당자와의 면담을 통해 프로그램의 효과성 및 향후방향에 대해서 추가로 확인한 후 프로그램의 내용을 수정 보완하였다.

3. 개발된 관찰 질문 기법의 내용

서두에서 제시한 Morris(2002)의 연구 중에서 과학적인 관찰기법으로 활용될 수 있는 몇 가지 특징들을 살펴보았다. 본 연구에서는 이러한 인간행동 및 심리의 특징을 근거로 하여 근무 현장에서 출입인원을 대상으로 관찰 근무의 기준을 제시해 줄 수 있는 과학적인 관찰 기준표를 다음과 같이 개발했다.

〈표 6〉거동수상자 관찰 기준표

내용	구분
• 군중 속에서 유난히 떠들거나 침묵을 지킨다. • 땀을 흘리거나 목표를 집중적으로 주시하며 몸을 고정하고 웃지도 않는다. • 자신의 주변상황에 무관심 한 듯 긴장하여 목표가 공격 범위 내 들어올 때 초조하게 기다리며, 위해 도구를 자주 확인한다. • 불안을 느끼면 입안건조, 침 삼킴, 입술 깨물기, 턱이나 귓불 만지기 등의 행동이 보인다. 또한 보통 성인은 1분에 20회 정도의 눈을 깜박 거리는데 불안을 느끼면 더 자주 눈을 깜박거린다.	대체행동
• 거동수상자는 대개 군중의 2~3열에 위치하며 옥내에서 위해 시설물 등으로 자신을 가린다. • 오른손으로 왼쪽 신체부분을 접촉하는 등의 신체 교차하기 행동을 보인다.	장벽신호
• 손이나 손목을 이용하여 위해를 가하려는 물건을 자주 확인하며, 위해 기도시 사용하는 손의 반대편 어깨가 처진다. 즉, 오른손잡이는 오른쪽 어깨가 올라가고 왼쪽 어깨는 내려간다. • 공격충동이 높아진 사람은 입을 굳게 다물고, 머리를 앞쪽으로 내밀고, 얼굴을 찌푸리며, 안색이 창백해진다. • 상태가 악화되면 머리를 뒤쪽으로 빼고 눈을 크게 뜨며 안색이 붉어진다.	의도동작
• 근무자의 시선을 의식적으로 피하며, 갑자기 근무자와 마주 치거나 불심검문을 받았을 때 눈 주위의 순간적인 떨림이나 눈동자의 동공 확대된다.	눈동자 신호
• 많은 군중 사이에서 위해를 가하려는 손 방향의 영역(공간)을 반대편 손을 사용하여 일정 부분 확보하려 한다. • 물리적 차단선, 가드레일 등 방어공간을 주의 깊게 관찰한다.	영역행동
• 군중과 행사장에서 대화시 위해 목적이 차단되어 근무자에게 화풀이를 하거나, 사소한 자극적 언사를 보일 경우 극단적으로 흥분한다.	타방향 행동

〈표 6〉은 Morris(2002)의 연구 중에서 경찰, 민간경비원 등이 근무 중에 집중적으로 관찰해야 하는 행동 특징들을 세부 영역별로 정리해 보았다. 근무지에서

단순히 직관에 의한 근무를 하기 보다는 인간행동 및 심리를 과학적으로 규명한 행동을 근거로 정리한 〈표 6〉에 해당되는 세부 행동을 보이는 인원을 집중적으로 관찰을 해야 할 것이다.

또한 거동수상자의 경우 추가적인 질문을 통해 상대방의 위해여부를 판단해야 한다. 이를 위해서는 상대방의 진실 및 기만반응을 포착할 수 있는 체계적이고 과학적인 질문기법이 필요하다. 본 연구에서 이에 적합한 질문기법으로 행동 분석 면담기법인 행동촉발질문을 제시하였다.

이는 현행 미국 주요 수사기관에서 피의자를 대상으로 한 질문기법으로 다소 정적이기 때문에 전체적으로 경찰, 민간경비원 등 신입직원 교육훈련에 적용하는데 한계가 있다. 따라서 역동적인 근무가 대부분이 경찰, 민간경비원 등의 근무특성에 적합한 5가지 질문 항목만을 활용하여 제시하였다.

세부적으로 개발된 해당 모델별 근무자가 활용할 수 있는 질문 요령은 다음과 같다. 제시된 질문 기법은 김창호 · 오재환(2009: 7~8)의 연구를 인용하여 제시하였다.

1) 조사 목적

질문 : 선생님 이곳은 출입이 허가된 자에 한해서만 입장하실 수 있습니다. 이곳에 용무가 있으십니까? 용무가 있으면 저희 통제에 따라 주시겠습니까? 협조 부탁드립니다.

원리 : 보통사람들은 이러한 질문에 불안에 하거나 불편해 하지 않으나, 거동수상자의 경우 비협조적인 태도를 보이고 불안해 할 것이다.

2) 응수 타진

질문 : 이곳은 대통령령에 의해 국가 중요 시설물로 지정된 곳입니다. 선생님 위험한 물건을 가지고 오셨습니까? 만약 가지고 오셨다면 지금 저희에게 맡겨주시기 바랍니다.

원리 : 진실한 사람은 진지하고 즉각적인 태도를 보이고, 거동수상자의 경우 주저하거나 무관심한 태도를 보일 것이다.

3) 지식

질문 : 선생님, 이 건물에 누가 있는지 알고 계십니까?

원리 : 일반적인 사람은 진지한 태도로 관심을 표시하지만 거동수상자의 경우에 "전혀 모릅니다"처럼 즉각적으로 무관심한 태도를 보인다.

4) 태도

질문 : 선생님 우리가 방문객들에게 선생님께 드린 질문과 같은 질문들을 묻는 것에 대해 어떻게 생각하십니까?

원리 : 일반적으로 긍정적인 감정을 표현하지만, 거동수상자의 경우 부정적이거나 비판적인 감정을 자주 표현한다.

5) 기회

질문 : 다시 한번 질문 드리겠습니다. 선생님 현재 위험한 물건을 소지하고 있지 않으십니까?

원리 : 진실한 사람은 같은 질문에 대해 진실 되고 자연스럽게 자신의 의견을 얘기하지만, 거수자의 경우 대답을 회피할 것이다.

관찰 기준표에 의해 근무 중에 거동수상자의 행동을 보이는 인원을 대상으로 2차적으로 5가지 항목별로 체계화된 질문을 통해 상대방의 기만반응을 확인해야 한다. 하지만 행동촉발질문에서 제시한 기만반응의 판단근거의 대부분이 직감에 의해서 판단할 수 있는 사항이다. 이에 본 연구에서는 사람의 얼굴표정으로 상대방의 거짓반응을 판독할 수 있는 방안으로 METT 프로그램을 제시하였다.

세부적인 내용은 선행연구에서 제시된 내용과 크게 다르지 않기 때문에 생략하기로 한다. 다만 미세표정에 의한 감정포착 훈련이 숙달되었다면, 〈표 4〉, 〈표 5〉와 같이 해당 감정별로 속임수 단서를 통해 상대방의 거짓반응도 알아낼 수 있다.

METT을 이용하여 훈련을 받으면 감정이 막 시작되었을 때 그 감정을 읽어냄으로써 감정에 효과적으로 대처할 수 있다. 치안을 담당하는 인원 중에서 CCTV

근무자 등 현장근무자가 이러한 교육을 통해 사람들의 감정을 읽어낼 수 있다면 현장에서 좀 더 과학적인 근무를 할 수 있을 것으로 기대된다.

즉, CCTV 근무자나 현장근무자가 출입인원을 대상으로 이러한 미세표정을 통해 상대방의 감정을 읽음으로써 상대방 입장에서의 친절한 서비스를 제공할 수 있고, 질문 중에 상대방의 미세표정을 통한 거짓반응을 읽어낼 수 있다.

제 2 절 기대효과

급속한 사회발달로 인해 범죄의 양상이 갈수록 다양화, 지능화, 치밀화되어 가고 있다. 이러한 추세에 다수의 인원을 접하게 되는 경찰, 민간경비원 등이 단순히 직감이나 추측에 의한 일관성 없는 현장 근무를 한다면 범죄 예방 등 효율적인 치안 서비스를 제공하기 힘들 것이다. 더욱이 현행법상 사인에 불과한 민간경비원 등이 적극적인 현장 근무 조치를 하기 위해서는 과학적이고 체계적인 근무기법에 대한 숙달이 필요하다.

이러한 근무기법의 개발을 위해 인간행동의 특징을 통한 관찰의 준거 제시, 행동촉발질문 기법을 활용한 체계적이고 과학적인 질문기법 요령, 그리고 얼굴의 미세표정을 통한 인간의 감정을 포착하는 관찰질문 기법을 제시하였다. 이는 경찰, 민간경비원 등으로 하여금 단순히 친절한 서비스 제공의 소극적인 근무에 그치지 않고 과학적인 근무기법을 통한 거동수상자 발견시 해당 범죄를 단념시키는 등 적극적인 현장 근무 조치를 가능하게 해줄 것이다. 즉, 국민의 불편을 최소화하면서 효율적으로 범죄 예방 등의 치안을 유지할 수 있게 해줄 것이다.

또한 체계적이고 과학적인 질문과 관찰기법에 관한 교육은 실습훈련 위주의 실효성 있는 프로그램으로 근무지에서 활용도가 잦아 장기기억으로 보존될 수 있다. 즉, 훈련시 배운 내용을 현장 근무지에서 활용할 수 있는 실무전이 능력을 높여 줄 것이다.

기억은 크게 단기기억과 장기기억으로 분류되는데, 단기기억은 부호화 시연이 이루어지지 않아 18초 후면 사라져버리는 기억인 반면에 장기기억은 부호화 시연을 통해 무한한 정보가 장기 또는 영구적으로 저장되는 것을 말한다.

이러한 장기기억으로는 개인경험, 문제해결 전략과 사고기술, 자전거 타기 등의 운동기능 등을 통해서 함양될 수 있다(최정훈 외, 1993: 190).

〈그림 8〉은 기억의 구조를 나타내는 것으로 대부분의 단기기억은 세부적인 부호화 시연을 통해서 장기기억으로 유지되는 것을 알려준다.

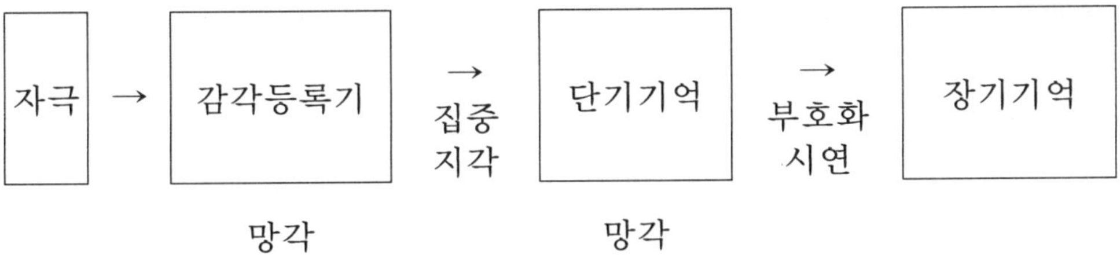

〈그림 8〉 기억의 구조

자료 : 최정훈 외(1996: 212).

교육훈련의 궁극적인 목적은 교육훈련 때 배운 지식, 기술 등을 현장에서 적절하게 활용하는 것이다. 이를 위해서는 교육훈련에 배운 내용을 장기기억으로 보존될 수 있도록 하는 부호화 시연이 있어야 한다.

하지만 경찰, 민간경비원 등 기존의 교육 내용 대부분이 이론교육 위주로 단기기억에서 망각되기 쉽다. 이러한 단기기억이 장기기억으로 연장되어 교육훈련에 받은 내용을 근무현장에서도 활용할 수 있는 장기기억으로 전환되기 위해서는 교육생 본인이 직접 실습을 해봄으로써 해당 교육의 필요성을 인지해야 한다.

개발된 관찰질문 기법의 내용은 실습위주의 교육 내용으로 교육생으로 하여금 장기기억으로 보존케 하여 근무현장에서 효율적으로 활용가능 하도록 할 것이다.

정보가 홍수처럼 넘쳐나고 치안환경의 변화가 극심한 오늘날 우리에게 빠르고 현명하게 판단하는 능력은 매우 중요하다. 이를 위해서 세밀하고도 정확한 관찰은 필수적이며 이는 곧 치안담당기관의 공공의 안녕과 사회의 질서 유지를 통한 대국민 신뢰 확보와 직결된다. 따라서 해당 기관에서 필자가 제시한 범죄예방을 위한 과학적이고 체계적인 관찰질문 기법의 필요성을 인식, 관련된 인원에게 해당내용의 교육시킴으로써 사회질서 유지 등의 소정의 목적을 효율적으로 달성했으면 한다.

참고문헌

1. 국내문헌

1) 단행본

김종률(2002). 『수사심리학』, 서울 : 학지사.

Morris, D.(2002). People Watching. London : Jonathan Cape. 김동광(역)(2004). 『피플워칭』 : 보디랭리지, 서울 : 까치글방.

박내희(1997). 『인사관리』, 박영사.

Ekman, P.(2003). 이민아(역)(2006). 『얼굴의 심리학』, 서울 : 바다출판사.

________.(2001). 이미숙(역)(2003). 『거짓말 까발리기』, 서울 : 마이넌, pp.85~156

오인경 · 최정임(2005). 『교육프로그램 개발 방법론』, 학지사.

이화여자대학교 교육공학과(2004). 『교육공학』, 서울 : 교육과학사.

Hall, E. T.(1966). The Hidden Dimension : 최효선(역)(2002). 『숨겨진 차원』, 서울 : 한길사.

최정훈 · 이훈구 · 한종철 · 윤진 · 정찬섭 · 오경자(1993). 『인간행동의 이해』, 법문사.

2) 논문

김창호 · 오재환(2009). "민간경비원 '질문 · 검색 요령' 교육훈련에 관한 개선 방안", 『한국경호경비학회지』, 19, pp.43~66.

최현일(2000). 「이동형 가상 인터페이스를 이용한 FACS기반 얼굴 표정 인식 시스템」, 인하대학교 석사학위 논문.

2. 국외문헌

1) 단행본

Arvey, R. D.(1995). Job Satisfaction, in N. Nicholson(Ed.), Encyclopedia Dictionary of Organizational Behavior, Cambridge. Satisfaction: How People Feel about Their Jobs and How It Affects Their Performance(pp.5-19), New York: Lexington Books.

Brian C. J. & Joseph P. B.(1999). The Investigative Anthology, John E. Reid And Associates Inc.

Ekman, P(1992). Telling Lies, W. W. Norton&Company.

2) 논문

Baldwin, T. T. and J. K. Ford(1998). Transfer of Training : A Review an directions for Future Research, Personnel Psychology, Vol. 41(1), 1988, pp.63~105.

Ekman, P.(2003). Darwin, deception and facial expression. Annals of the New York Academy Sciences, 1000, pp.205~221.

Ekman, P. & Mastumoto, D.(2007). The Micro-Expressions Training Tool. Annals of the New York Academy Sciences, 1000, pp.150~161.

Ekman, P.(2009). Lie Catching and Micro Expressions, The Philosophy of Deception, Ed. Clancy Martin, Oxford University Press.

Stan B. W(1996). Kinesic Interview and Interrogation, CRC Press.

Sullivian, John L.(1997). Introduction to Police Science. NY: McGraw-HillBook Company.

3. 기타

경비업법.

경비업법 시행령.

김대훈(2008.6.24). 권총 갖고 비행기 탑승, 어처구니 없는 인천공항 보안, http://www.cbs.co.kr/Nocut/Show.asp?IDX=862445, 2010. 2.5 검색.

조선일보(2009.10.7). 속수 무책 엉덩이 폭탄 테러 비상, http://news.chosun.com/site//data/html_dir/2009/10/07/2009100700072.html, 2010. 2.10 검색.

사이버경찰청 (http://www.police.go.kr/infodata/informpdsView.do), 2010.3.10 검색.

네이버백과사전(http://enc.daum.net/dic100/contents.do?query1=10XX182337), 2010.1.10 검색.

강의계획서

구 분	주 요 내 용
제 목	■ 질문검색 요령
교육대상	■ 민간경비원 신임직원
강의시간	■ 3시간 [이론 (1H 30′) / 실습 (1H)]
교보재	■ 강의자료 ppt ■ 온라인 실습 프로그램(www.mettonline.com)
교육효과	■ 현장에서 다수의 출입인원을 접하게 되는 민간경비 종사자에게 과학적인 관찰기법과 체계적인 질문요령 기법을 숙달시켜 근무중에 거동수상자를 제지하여 추가범죄를 예방하는 능력함양
강의내용	1. 인간행동의 특징 가. 사전 준비동작 나. 갈등, 긴장의 누설신호 다. 타방향 행동 라. 장벽 신호 마. 영영 행동 바. 눈동자 신호 2. 행동 촉발 질문 가. 개요 나. 행동 촉발 질문 3. METT 가. FACS 나. METT

강의자료

관찰 질문 기법

경기대 경호안전학과

목 차

행동분석의 원리

인간 행동 변화

인간이나 동물이 위협으로부터 공격 받았을 때 행동패턴

자극에 대해 맞서 싸우거나 (fight)

자극으로부터 도망을 가거나 (flee)

꼼짝하지 못하고 얼어붙는 (freeze) 행동 발생

인간 행동 분석

행동분석의 원리

이러한 세가지 전략 모두 심리적· 신체적 흥분을 발생시킴

자율신경계 변화
심장 박동수, 혈압, 호흡, 식은땀
무의식적으로 일탈 된 행동이 발생
방어자세, 거리를 넓히는 행동

→ 이러한 행동 변화는 불안감의 지표

언어적/비언어적 행동 변화

행동분석의 원리

1. 말 실수
2. 말 더듬기
3. 음색
4. 목소리 톤
5. 응답시간 지연
6. 침묵빈도(휴지기)
7. 말의 속도
8. 진술의 일관성
9. 진술의 논리성

모든 행동은 근무자의 기본행동과 일탈 행동을 면밀히 비교 분석

발생한 행동 반응이 시간, 피조사자 심리상태, 환경에 적절한 행동인지 평가

행동분석의 원리

비언어적 행동
준 언어적· 언어적 행동
응시회피
눈 깜박임
자기조작행동
자세의 움직임
방어자세
눈동자 움직임
미세표정 등
말 더듬기
응답시간 지연(초)
말 실수
목소리 높낮음(pitch)
말의 속도
휴지기
진술 일관성·논리성 등
모든 행동징후 관찰 · 분석

인간 행동 분석

행동분석의 원리

대상자의 모든 비언어적 행동 및 언어적· 준언어적 행동과 감정표현의 적절성을 분석

불법행위를 저지른 사람들은 수치심,죄의식,두려움 등을 경험.

이러한 감정상태는 발각에 대한 공포를 증가시키게 됨

근무자에게 범행을 숨기거나 왜곡을 시도하는 등 거짓말을 할 때, 이중의 감정변화를 경험

감정 및 인지적 심리상태의 변화는 자율신경계와 행동에 영향을 미치게 됨

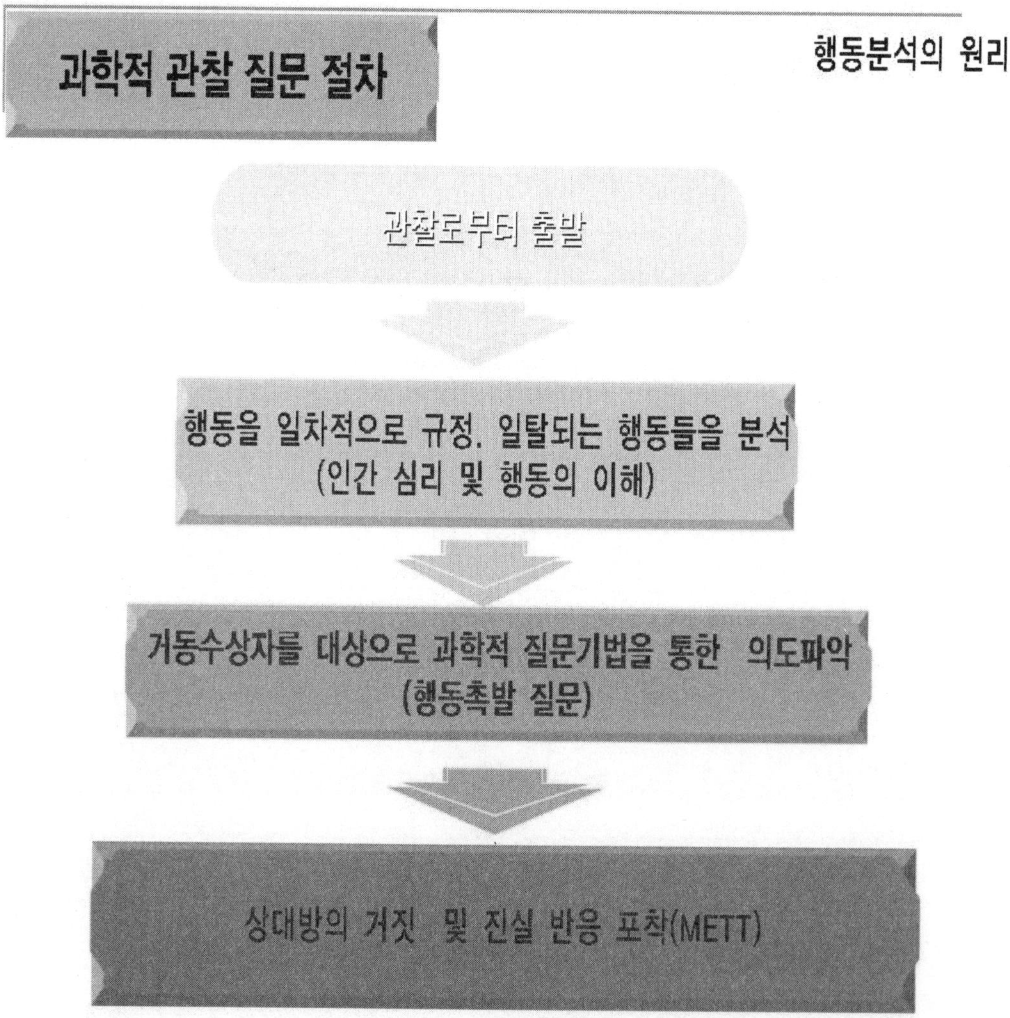
과학적 관찰 질문 절차
행동분석의 원리
관찰로부터 출발
행동을 일차적으로 규정. 일탈되는 행동들을 분석
(인간 심리 및 행동의 이해)
거동수상자를 대상으로 과학적 질문기법을 통한 의도파악
(행동촉발 질문)
상대방의 거짓 및 진실 반응 포착(METT)

인간행동의 특징

의도 동작

사람들은 어떤 동작을 하려고 할 때 흔히 약간의 예비적인 움직임을 보인다. 그러한 움직임은 우리가 무엇을 하려는가를 나타내는 단서가 되며, 이것을 의도동작(intention movement)이라고 부른다

예) 골프 연습 스윙, 의자 팔걸이 잡기

인간행동의 특징

대체 행동

사람이 내적 갈등이나 욕구불만에 빠지면 겉으로 부적절해 보이는 행동을 하는데,

이를 대체행동(displacement activity)이라 말한다

예) 중요한 일을 앞둔 이의 흡연, 공연전의 잦은 소변

타방향 행동

처음에 의도한 사람과는 다른 사람을 향해서 취하는 행동 패턴

예) 업무에 관한 일로 모욕을 당하고 집에 와서 부인에게 화풀이

장벽 신호

사회상황으로부터 몸을 지키는 동작으로 사람들은 물리적 장벽 뒤로 숨으면 안정감을 느끼는 것을 말한다

예) 낯선 사람을 만난 어린아이는 어머니의 몸 뒤에 숨는 행동

인간행동의 특징

영역 행동

영역이란 방어를 하는 공간을 말한다. 아주 넓은 의미로 생각하면 인간의 영역에는 부족, 가족, 개인의 영역으로 나눌 수 있다.

예)에드워드 홀 공간 정의

친밀한 거리(15㎝~45㎝ : 정서적으로 가까운 사람간의 공간),

개인적 거리(46㎝~1.22m : 사교모임 또는 친구 모임간의 공간),

사회적 거리(3.6m 이상 : 군중 연설이나 강의장에서 공간)

인간행동의 특징

눈동자 신호

얼굴의 신호 가운데에서도 쉽게 거짓말을 못하는 신호가 있다. 그것은 작은 신호이며 다소 미묘한 신호이지만 진실을 말하기 때문에 특히 흥미를 끈다. 그 신호는 눈동자, 곧 동공에서 나오며, 동공에 들어오는 빛의 양에 따라서 변하는 동공의 크기와 관계가 있다

예) 흥분을 느낄만한 것을 보았을 때, 그것이 즐거운 일이건 공포이건 동공이 확대된다.

관찰 기준표

인간행동의 특징

.군중 속에서 유난히 떠들거나 침묵을 지킨다. .땀을 흘리거나 목표를 집중적으로 주시하며 몸을 고정시킨 채 웃지도 않는다. .자신의 주변상황에 무관심 한 듯 긴장하여 목표가 공격 범위 내 들어올 때 초조하게 기다리며, 위해 도구를 자주 확인한다. .불안을 느끼면 입안건조, 침 삼킴, 입술 깨물기, 턱이나 귓불 만지기 등의 행동이 보인다. 또한 보통 성인은 1분에 20회 정도의 눈을 깜박거리는데 불안을 느끼면 더 자주 눈을 깜박거린다.	대체행동
.거동수상자는 대개 군중의 2~3열에 위치하며 옥내에서 위해 시설물 등으로 자신을 가린다. .오른손으로 왼쪽 신체부분을 접촉하는 등의 신체교차하기 행동을 보인다.	장벽신호
.손이나 손목을 이용하여 위해를 가하려는 물건을 자주 확인하며, 위해기도시 사용하는 손의 반대편 어깨가 처진다. 즉, 오른손잡이는 오른쪽 어깨가 올라가고 왼쪽 어깨는 내려간다. .공격충동이 높아진 사람은 입을 굳게 다물고, 머리를 앞쪽으로 내밀고, 얼굴을 찌푸리며, 안색이 창백해진다. .상태가 악화되면 머리를 뒤쪽으로 빼고 눈이 커지며 안색이 붉어진다.	의도동작

관찰 기준표

인간행동의 특징

.근무자의 시선을 의식적으로 피하며, 갑자기 근무자와 마주치거나 불심검문을 받았을 때 눈 주위의 순간적인 떨림이나 눈동자의 동공이 확대된다.	눈동자 신호
.많은 군중 사이에서 위해를 가하려는 손 방향의 영역(공간)을 반대편 손을 사용하여 일정 부분 확보하려 한다. .물리적 차단선, 가드레일 등 방어공간을 주의 깊게 관찰한다.	영역행동
.군중과 행사장에서 대화시 위해 목적이 차단되어 근무자에게 화풀이를 하거나, 사소한 자극적 언사를 보일 경우 극단적으로 흥분한다.	타방향행동

행동 촉발 질문

행동촉발 질문 (behavior provoking questions)은 특정화된 질문 모델을 통해 상대방의 진실한 반응과 기만적 반응을 구별짓는 원리로 1992년 존 리드가 개발하였다. 현재 美 FBI, 국세청 조사관, 경찰 등이 실시하고 있는 기법이다. 세부적으로 질문목적, 응수타진, 지식, 의심, 면책, 사건발생 현실성, 기회, 범의, 반대, 결과, 태도, 처벌, 다시 한번 기회 등 14개 특정 항목별로 모델화된 질문을 해가면서 상대방의 기만적 또는 진실 반응을 살피는 것이다.

행동 촉발 질문

행동 촉발 질문 원칙

거동수상자로 의심되는 사람에게 질문을 할 때 가장 핵심적인 이슈에 대하여 구체적이고 분명하게 접근

질문들은 도발적인 방식보다는 자연스런 분위기에서 질문

질문을 받고 난 후 자극된 행동반응을 세심하게 관찰

상대방의 행동에서 모순점(contradictions)을 찾는다

- o 언어 Vs. 언어
- o 언어 Vs. 비언어
- o 비언어 Vs. 비언어

행동촉발 질문

행동 촉발 질문 원칙

Truthful suspect

- 질문에 대해 직접적이고 알맞게 반응함
- 대답을 지연시킬만한 이유가 좀처럼 드물기 때문
- 질문유형에 따라 응답시간 지연이 다를 수 있기 때문에 적절한 타이밍 고려
- 사건과 관련된 직접적인 단어를 사용하는 것에 민감하거나 두려워하지 않음 (예. 테러, 암살과 같은 단어 사용)

Untruthful suspects

- 애매하게 답변하거나 말을 더듬음
- 긴 휴지기를 가질 수 있고, 중얼거리는 경우가 많음
- 어떤 경우에는 불평하는 경우가 빈번히 발생
- 불평하는 타이밍을 고려해야 할 것
- 평상시 음성적 특징이 무엇인지 알고 조사과정에서 나타나는 특징과 비교하는 것이 바람직

행동촉발 질문

행동 촉발 질문 원칙

1. 조사 목적 (reason for interview)

"선생님, 현재 이곳에 VIP가 방문 중이시라는 것을 아시지요? 따라서 저희가 방문하시는 분들을 통제하고 있습니다. 협조 부탁합니다."

"선생님, 이곳은 현재 통제되고 있습니다. 이곳에 용무가 있으십니까? 용무가 있으시다면 저희의 통제를 따라주시겠습니까? 협조 부탁드립니다."

"선생님, 만약의 사태를 대비하여 저희가 근무를 하고 있습니다. 죄송하지만 저희에게 협조를 해주시겠습니까?"

원리 - 보통의 사람들의 경우 검문에 대하여 자연스럽게 받아들이고, 불편해하거나 불안감을 느끼지 않음

행동촉발 질문

2. 응수타진 (if you)

"지금 우리는 VIP를 모시고 있습니다. 만약 선생님께서 위해가 될만한 도구나 무기(흉기)를 가지고 오셨다면 지금 내놓아 주십시오."

"선생님, 위험한 물건을 가지고 오셨습니까? 만약 가지고 오셨으면 지금 꺼내 놓으시기 바랍니다."

"지금 우리는 이번에 발생한 사건에 대해 조사하고 있습니다. 만약 당신이 이 건과 관련되어 있다면 지금 우리에게 모든 것을 말해줄 수 있습니까?"

원리 - 보통의 진실한 사람들은 즉각적이고 직접적이며 진지한 태도로 부인을 함

3. 지식 (knowledge)

행동촉발 질문

"선생님, 이 사건에 개입한 사람들을 알고 있습니까? "

"선생님, 이 행위에 대한 배후세력을 알고 있습니까? "

"선생님, 지금 이 곳에 누가 있는지 알고 오셨습니까? "

원리 – 일반적인 사람들은 관심을 표시하면서 진지하게 진술하고, 때로는 의혹이 가는 사람을 댐.

4. 태도 (attitude)

행동촉발 질문

"선생님, 지금 우리가 선생님에게 이런 질문을 드린 것에 대해 어떻게 느끼십니까?"

"선생님, 우리가 방문객들에게 선생님에게 드린 질문과 같은 질문들을 묻는 것에 대하여 어떻게 생각하십니까?"

"당신은 이 사건에 대한 우리의 조사에 대하여 어떤 생각이 듭니까? "

원리 - 진실한 사람들은 대체로 조사나 경호업무에 필요한 질문에 대하여 수긍

5. 기회 (opportunity)

행동촉발 질문

"선생님께서 생각하실 때 VIP를 위해할 만한 사람은 어떤 인물이라고 생각하십니까?"

"선생님께서 생각하실 때 테러리스트들은 언제, 어디서, 어떻게 공격행동을 할 것이라고 생각하시나요?"

"다시 한번 질문 드리겠습니다. 선생님은 현재 VIP에게 위험한 무기를 지니고 계십니까?"

원리 - 진실한 사람들은 대체로 이 같은 질문에 대하여 자연스럽게 지신의 의견을 이야기하며, 떳떳함을 주장

행동촉발 질문

6. 넘겨짚기 질문 (bait question)

"선생님, scanner 탐색결과 선생님께서는 어떤 물건을 숨기고 계신 것 같군요. 그 물건이 어떤 것인지 보여주시겠습니까?"

"오늘 이곳에서 VIP에 대한 항의집회가 있다는 첩보가 있습니다. 혹시 선생님도 집회에 참석하기 위해 방문하셨습니까?"

원리 - 보통의 사람들은 대체로 넘겨짚기 질문이 담고 있는 암시에 대하여 즉각적으로 거부하고 이에 대하여 자신의 생각을 피력

METT

METT 소개

'METT(Micro Expressions Training Tool)'은 'FACS(Facial Action Coding System)'시스템을 근간으로 얼굴의 미세표정이라는 안면 근육 중에는 사람이 통제할 수 없는 불수의근 움직임에 근거하여 사람의 감정을 포착해내는 기술을 훈련시켜주는 프로그램이다. 세부적으로 'METT'에서 가장 대표적인 감정으로 교육하는 것으로는 슬픔, 화남, 놀라움, 두려움, 기쁨, 역겨움, 업신여김 등 7가지 감정이 있다.

*'FACS(Facial Action Coding System) : 사람 얼굴의 근육을 42가지로 분류함 시스템

감정별 미세표정 특징

METT

슬픔	.양쪽 눈썹이 가운데로 몰리면서 올라가면서 수직주름 발생 .양쪽 빰이 올라감 .입가가 밑으로 쳐지면서 입술이 팽팽해짐	
기쁨	.얼굴 양쪽 빰이 위로 올라감 .눈썹 사이가 좁아지고 눈 둘레에 주름이 생김 .입가의 주름이 빰쪽으로 올라감	
놀람	.위쪽 눈꺼풀이 위로 올라감 .턱이 아래로 떨어지면서 입이 벌어짐	
화남	.눈썹이 가운데로 모이면서 아래로 향함 .눈이 커지면서 노려봄 .정사각형이나 직사각형으로 벌인 입 *화를 참을 경우에는 입술을 다물면서 얇아짐	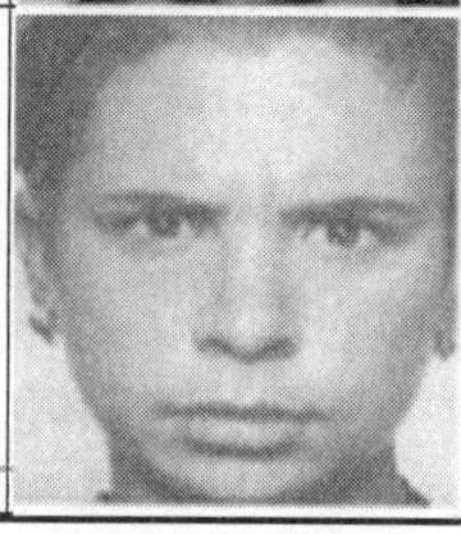

METT		
두려움	.위쪽 눈꺼풀이 위로 올라가고 가운데로 몰리며 아래 눈꺼풀에 힘이 들어감 .입술이 귀를 향해 일직선이 되면서 팽팽해짐	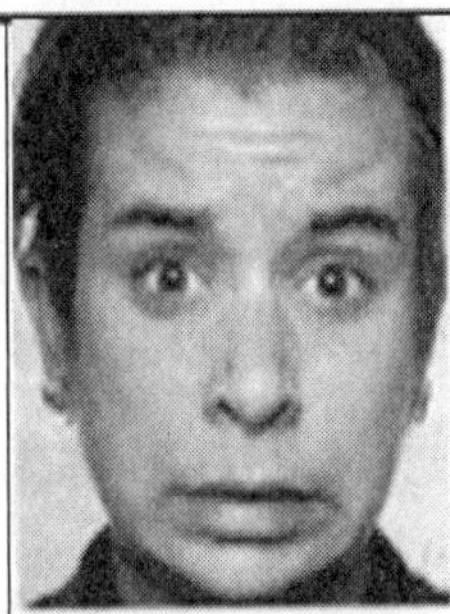
역겨움	.윗입술이 최대한 올라가고 아랫입술도 따라 올라가면서 약간 돌출됨 .콧구멍에 양쪽 입가로 깊은 주름이 생김 .뺨이 위로 올라가고 눈썹이 아래로 처지면서 주름이 생김	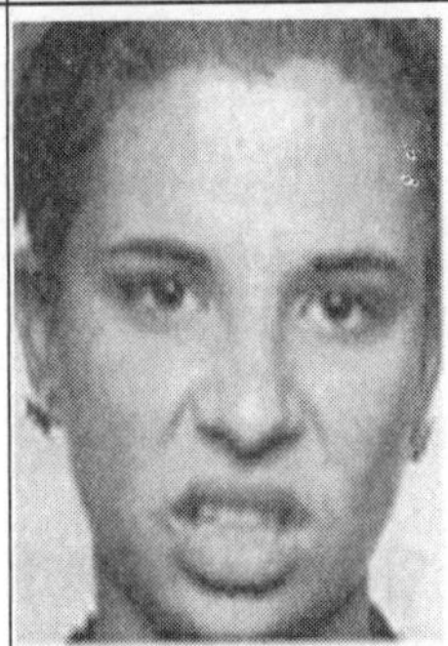
업신여김	.얼굴 좌우 대칭이 일그러짐 .입가에 힘이 들어가면서 살짝 올라감	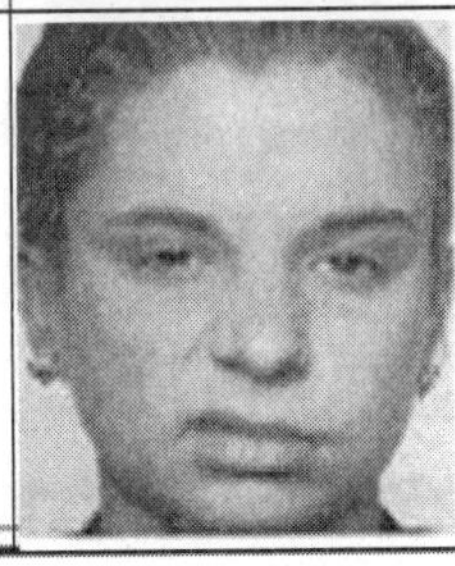

METT 훈련 영상

METT

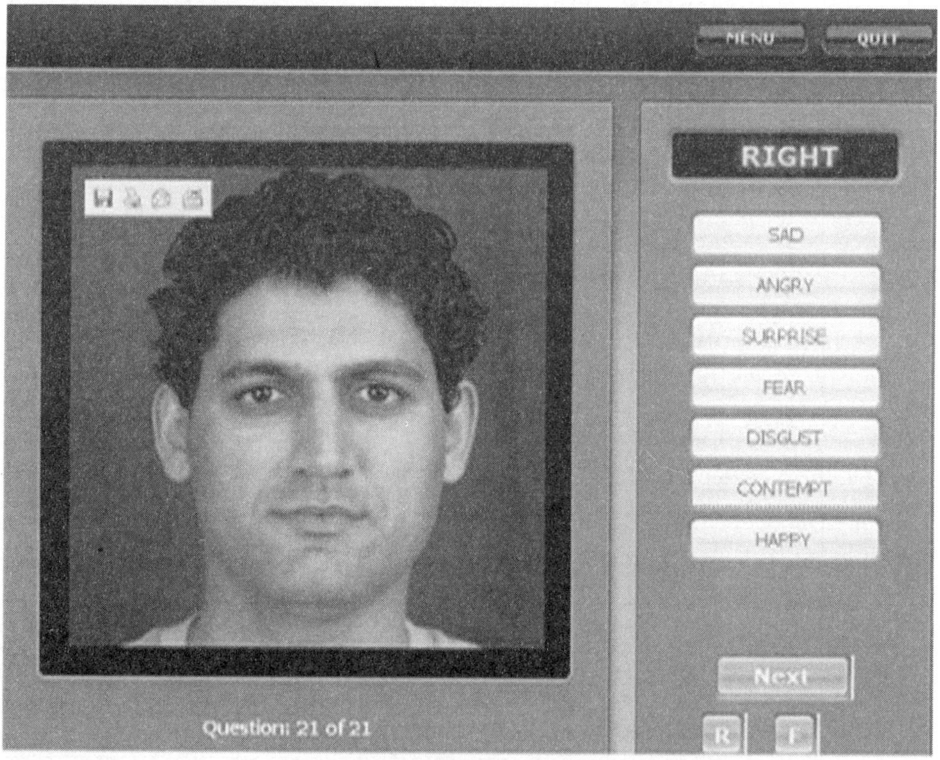

자료) Http:mettonline.com

부　　록

경비업법

경찰법

청원경찰법

경비업법

[일부개정 2009.4.1 법률 제9579호]

제1장 총칙

제1조(목적)

이 법은 경비업의 육성 및 발전과 그 체계적 관리에 관하여 필요한 사항을 정함으로써 경비업의 건전한 운영에 이바지함을 목적으로 한다.

제2조(정의)

이 법에서 사용하는 용어의 정의는 다음과 같다. 〈개정 2005.5.31〉

1. "경비업"이라 함은 다음 각목의 1에 해당하는 업무(이하 "경비업무"라 한다)의 전부 또는 일부를 도급받아 행하는 영업을 말한다.
   가. 시설경비업무 : 경비를 필요로 하는 시설 및 장소(이하 "경비대상시설"이라 한다)에서의 도난·화재 그 밖의 혼잡 등으로 인한 위험발생을 방지하는 업무
   나. 호송경비업무 : 운반중에 있는 현금·유가증권·귀금속·상품 그 밖의 물건에 대하여 도난·화재 등 위험발생을 방지하는 업무
   다. 신변보호업무 : 사람의 생명이나 신체에 대한 위해의 발생을 방지하고 그 신변을 보호하는 업무
   라. 기계경비업무 : 경비대상시설에 설치한 기기에 의하여 감지·송신된 정보를 그 경비대상시설외의 장소에 설치한 관제시설의 기기로 수신하여 도난·화재 등 위험발생을 방지하는 업무
   마. 특수경비업무 : 공항(항공기를 포함한다) 등 대통령령이 정하는 국가중요시설(이하 "국가중요시설"이라 한다)의 경비 및 도난·화재 그 밖의 위험발생을 방지하는 업무
2. "경비지도사"라 함은 경비원을 지도·감독 및 교육하는 자를 말하며 일반경비지도사와 기계경비지도사로 구분한다.
3. "경비원"이라 함은 제4조 제1항의 규정에 의하여 경비업의 허가를 받은 법인(이하 "경비업자"라 한다)이 채용한 고용인으로서 다음 각목의 1에 해당하는 자를 말한다.
   가. 일반경비원 : 제1호 가목 내지 라목의 경비업무를 수행하는 자
   나. 특수경비원 : 제1호 마목의 경비업무를 수행하는 자

4. “무기”라 함은 인명 또는 신체에 위해를 가할 수 있도록 제작된 권총·소총 등을 말한다.

제3조(법인)

경비업은 법인이 아니면 이를 영위할 수 없다.

제2장 경비업의 허가 등

제4조(경비업의 허가)

① 경비업을 영위하고자 하는 법인은 도급받아 행하고자 하는 경비업무를 특정하여 그 법인의 주사무소의 소재지를 관할하는 지방경찰청장의 허가를 받아야 한다. 도급받아 행하고자 하는 경비업무를 변경하는 경우에도 또한 같다.

② 제1항의 규정에 의한 허가를 받고자 하는 법인은 대통령령이 정하는 경비인력·자본금·시설 및 장비를 갖추어야 한다.

③ 제1항의 규정에 의하여 경비업의 허가를 받은 법인은 다음 각호의 1에 해당하는 때에는 지방경찰청장에게 신고하여야 한다.

1. 영업을 폐업하거나 휴업한 때
2. 법인의 명칭이나 대표자·임원을 변경한 때
3. 법인의 주사무소나 출장소를 신설·이전 또는 폐지한 때
4. 기계경비업무의 수행을 위한 관제시설을 신설·이전 또는 폐지한 때
5. 특수경비업무를 개시하거나 종료한 때
6. 그 밖에 대통령령이 정하는 중요사항을 변경한 때

④ 제1항 및 제3항의 규정에 의한 허가 또는 신고의 절차, 신고의 기한 등 허가 및 신고에 관하여 필요한 사항은 대통령령으로 정한다.

제5조(임원의 결격사유)

다음 각호의 1에 해당하는 자는 경비업을 영위하는 법인(제4호에 해당하는 자의 경우에는 특수경비업무를 수행하는 법인을 말하고, 제5호에 해당하는 자의 경우에는 허가취소사유에 해당하는 경비업무와 동종의 경비업무를 수행하는 법인을 말한다)의 임원이 될 수 없다. 〈개정 2008.2.29〉

1. 금치산자 또는 한정치산자
2. 파산선고를 받고 복권되지 아니한 자
3. 금고 이상의 형의 선고를 받고 그 형이 실효되지 아니한 자
4. 이 법 또는「대통령 등의 경호에 관한 법률」에 위반하여 벌금형의 선고를 받고 3년이 지나지 아니한 자
5. 이 법 또는 이 법에 의한 명령에 위반하여 허가가 취소된 법인의 허가취소 당시의 임원이었던 자로서 그 취소 후 3년이 지나지 아니한 자

제6조(허가의 유효기간 등)

① 제4조 제1항의 규정에 의한 경비업 허가의 유효기간은 허가받은 날부터 5년으로 한다.

② 제1항의 규정에 의한 유효기간이 만료된 후 계속하여 경비업을 하고자 하는 법인은 행정안전부령이 정하는 바에 의하여 갱신허가를 받아야 한다. 〈개정 2008.2.29〉

제7조(경비업자의 의무)

① 경비업자는 경비대상시설의 소유자 또는 관리자(이하 "시설주"라 한다)의 관리권의 범위안에서 경비업무를 수행하여야 하며, 다른 사람의 자유와 권리를 침해하거나 그의 정당한 활동에 간섭하여서는 아니된다.

② 경비업자는 경비업무를 성실하게 수행하여야 하고, 도급을 의뢰받은 경비업무가 위법 또는 부당한 것일 때에는 이를 거부하여야 한다.

③ 경비업자는 불공정한 계약으로 경비원의 권익을 침해하거나 경비업의 건전한 육성과 발전을 해치는 행위를 하여서는 아니된다.

④ 경비업자의 임·직원이거나 임·직원이었던 자는 다른 법률에 특별한 규정이 있는 경우를 제외하고는 그 직무상 알게 된 비밀을 누설하거나 다른 사람에게 제공하여 이용하도록 하는 등 부당한 목적을 위하여 사용하여서는 아니된다.

⑤ 경비업자는 허가받은 경비업무외의 업무에 경비원을 종사하게 하여서는 아니된다.

⑥ 특수경비업무를 수행하는 경비업자(이하 "특수경비업자"라 한다)는 제4조 제3항 제5호의 규정에 의한 특수경비업무의 개시신고를 하는 때에는 국가중요시설에 대한 특수경비업무의 수행이 중단되는 경우 시설주의 동의를 얻어 다른 특수경비업자중에서 경비업무를 대행할 자(이하 "경비대행업자"라 한다)를 지정하여 허가관청에 신고하여야 한다. 경비대행업자의 지정을 변경하는 경우에도 또한 같다.

⑦ 특수경비업자는 국가중요시설에 대한 특수경비업무를 중단하게 되는 경우에는 미리 이를 제6항의 규정에 의한 경비대행업자에게 통보하여야 하며, 경비대행업자는 통보받은 즉시 그 경비업무를 인수하여야 한다. 이 경우 제6항의 규정은 경비대행업자에 대하여 이를 준용한다.
⑧ 특수경비업자는 이 법에 의한 경비업과 경비장비의 제조·설비·판매업, 네트워크를 활용한 정보산업, 시설물 유지관리업 및 경비원 교육업 등 대통령령이 정하는 경비관련업외의 영업을 하여서는 아니된다. 〈개정 2002.12.18〉

제3장 기계경비업무

제8조(대응체제)

기계경비업무를 수행하는 경비업자(이하 "기계경비업자"라 한다)는 경비대상시설에 관한 경보를 수신한 때에는 신속하게 그 사실을 확인하는 등 필요한 대응조치를 취하여야 하며, 이를 위한 대응체제를 갖추어야 한다.

제9조(오경보의 방지 등)

① 기계경비업자는 경비계약을 체결하는 때에는 오경보를 막기 위하여 계약상대방에게 기기사용요령 및 기계경비운영체계 등에 관하여 설명하여야 하며, 각종 기기가 오작동되지 아니하도록 관리하여야 한다.
② 기계경비업자는 대응조치 등 업무의 원활한 운영과 개선을 위하여 대통령령이 정하는 바에 따라 관련 서류를 작성·비치하여야 한다.

제4장 경비지도사 및 경비원

제10조(경비지도사 및 경비원의 결격사유)

① 다음 각호의 1에 해당하는 자는 경비지도사 또는 일반경비원이 될 수 없다.
1. 만 18세 미만인 자, 금치산자, 한정치산자
2. 파산선고를 받고 복권되지 아니한 자
3. 금고 이상의 실형의 선고를 받고 그 집행이 종료(집행이 종료된 것으로 보는 경

우를 포함한다)되거나 집행이 면제된 날부터 5년이 지나지 아니한 자

4. 금고 이상의 형의 집행유예선고를 받고 그 유예기간중에 있는 자

② 다음 각호의 1에 해당하는 자는 특수경비원이 될 수 없다. 〈개정 2008.2.29, 2009.4.1〉

1. 만 18세 미만 또는 만 60세 이상인 자, 금치산자, 한정치산자
2. 제1항 제2호 내지 제4호의 1에 해당되는 자
3. 금고 이상의 형의 선고유예를 받고 그 유예기간중에 있는 자
4. 행정안전부령이 정하는 신체조건에 미달되는 자

③ 경비업자는 제1항 각호 또는 제2항 각호의 결격사유에 해당하는 자를 경비지도사 또는 경비원으로 채용 또는 근무하게 하여서는 아니된다.

제11조(경비지도사의 시험 등)

① 경비지도사는 제10조 제1항 각호의 1에 해당하지 아니하는 자로서 경찰청장이 시행하는 경비지도사시험에 합격하고 행정안전부령이 정하는 교육을 받은 자이어야 한다. 〈개정 2008.2.29〉

② 경찰청장은 제1항의 규정에 의한 교육을 받은 자에게 행정안전부령이 정하는 바에 따라 경비지도사자격증을 교부하여야 한다. 〈개정 2008.2.29〉

③ 경비지도사시험의 시험과목, 시험공고, 시험의 일부가 면제되는 자의 범위 그 밖에 경비지도사시험에 관하여 필요한 사항은 대통령령으로 정한다.

제12조(경비지도사의 선임 등)

① 경비업자는 대통령령이 정하는 바에 따라 경비지도사를 선임하여야 한다.

② 제1항의 규정에 의하여 선임된 경비지도사의 직무는 다음과 같다.

1. 경비원의 지도·감독·교육에 관한 계획의 수립·실시 및 그 기록의 유지
2. 경비현장에 배치된 경비원에 대한 순회점검 및 감독
3. 경찰기관 및 소방기관과의 연락방법에 대한 지도
4. 그 밖에 대통령령이 정하는 직무

③ 선임된 경비지도사는 제2항 각호의 규정에 의한 직무를 대통령령이 정하는 바에 따라 성실하게 수행하여야 한다.

第13조(경비원의 교육 등)

① 경비업자는 경비업무를 적정하게 실시하기 위하여 경비원으로 하여금 대통령령이 정하는 바에 따라 경비원 교육을 받게 하여야 한다.

② 특수경비업자는 대통령령이 정하는 바에 따라 정기적으로 특수경비원 교육을 받게 하고 특수경비원 교육을 받지 아니한 자를 특수경비업무에 종사하게 하여서는 아니된다.

③ 제2항에 의한 특수경비원의 교육시 관할경찰서 소속 경찰공무원이 교육기관에 입회하여 대통령령이 정하는 바에 따라 지도·감독하여야 한다.

第14조(특수경비원의 직무 및 무기사용 등)

① 특수경비업자는 특수경비원으로 하여금 배치된 경비구역안에서 관할 경찰서장 및 공항경찰대장 등 국가중요시설의 경비책임자(이하 "관할 경찰관서장"이라 한다)와 국가중요시설의 시설주의 감독을 받아 시설을 경비하고 도난·화재 그 밖의 위험의 발생을 방지하는 업무를 수행하게 하여야 한다.

② 특수경비원은 국가중요시설에 대한 경비업무 수행중 국가중요시설의 정상적인 운영을 해치는 장해를 일으켜서는 아니된다.

③ 지방경찰청장은 국가중요시설에 대한 경비업무의 수행을 위하여 필요하다고 인정하는 때에는 시설주의 신청에 의하여 무기를 구입한다. 이 경우 시설주는 그 무기의 구입대금을 지불하고, 구입한 무기를 국가에 기부채납하여야 한다.

④ 지방경찰청장은 국가중요시설에 대한 경비업무의 수행을 위하여 필요하다고 인정하는 때에는 관할경찰관서장으로 하여금 시설주의 신청에 의하여 시설주로부터 국가에 기부채납된 무기를 대여하게 하고, 시설주는 이를 특수경비원으로 하여금 휴대하게 할 수 있다. 이 경우 특수경비원은 정당한 사유없이 무기를 소지하고 배치된 경비구역을 벗어나서는 아니된다.

⑤ 시설주가 제3항의 규정에 의하여 대여받은 무기에 대하여 시설주 및 관할 경찰관서장은 무기의 관리책임을 지고, 관할 경찰관서장은 시설주 및 특수경비원의 무기관리상황을 대통령령이 정하는 바에 따라 지도·감독하여야 한다.

⑥ 관할 경찰관서장은 무기의 적정한 관리를 위하여 제3항의 규정에 의하여 무기를 대여받은 시설주에 대하여 필요한 명령을 발할 수 있다.

⑦ 시설주로부터 무기의 관리를 위하여 지정받은 책임자(이하 “관리책임자"라 한다)는 다음 각호에 의하여 이를 관리하여야 한다.

1. 무기출납부 및 무기장비운영카드를 비치 · 기록하여야 한다.
2. 무기는 관리책임자가 직접 지급 · 회수하여야 한다.

⑧ 특수경비원은 국가중요시설의 경비를 위하여 무기를 사용하지 아니하고는 다른 수단이 없다고 인정되는 때에는 필요한 한도안에서 무기를 사용할 수 있다. 다만, 다음 각호의 1에 해당하는 때를 제외하고는 사람에게 위해를 끼쳐서는 아니된다.

1. 무기 또는 폭발물을 소지하고 국가중요시설에 침입한 자가 특수경비원으로부터 3회 이상 투기(投棄) 또는 투항(投降)을 요구받고도 이에 불응하면서 계속 항거하는 경우 이를 억제하기 위하여 무기를 사용하지 아니하고는 다른 수단이 없다고 인정되는 때
2. 국가중요시설에 침입한 무장간첩이 특수경비원으로부터 투항(投降)을 요구받고도 이에 불응한 때

⑨ 특수경비원의 무기휴대, 무기종류, 그 사용기준 및 안전검사의 기준 등에 관하여 필요한 사항은 대통령령으로 정한다.

제15조(특수경비원의 의무)

① 특수경비원은 직무를 수행함에 있어 시설주 · 관할 경찰관서장 및 소속상사의 직무상 명령에 복종하여야 한다.

② 특수경비원은 소속상사의 허가 또는 정당한 사유없이 경비구역을 벗어나서는 아니된다.

③ 특수경비원은 파업 · 태업 그 밖에 경비업무의 정상적인 운영을 저해하는 일체의 쟁의행위를 하여서는 아니된다.

④ 특수경비원이 무기를 휴대하고 경비업무를 수행하는 때에는 다음 각호의 1에 정하는 무기의 안전사용수칙을 지켜야 한다.

1. 특수경비원은 사람을 향하여 권총 또는 소총을 발사하고자 하는 때에는 미리 구두 또는 공포탄에 의한 사격으로 상대방에게 경고하여야 한다. 다만, 다음 각목의 1에 해당하는 경우로서 부득이한 때에는 경고하지 아니할 수 있다.
   가. 특수경비원을 급습하거나 타인의 생명 · 신체에 대한 중대한 위험을 야기하는 범행이 목전에 실행되고 있는 등 상황이 급박하여 경고할 시간적 여유가 없는 경우
   나. 인질 · 간첩 또는 테러사건에 있어서 은밀히 작전을 수행하는 경우
2. 특수경비원은 무기를 사용하는 경우에 있어서 범죄와 무관한 다중의 생명 · 신체

에 위해를 가할 우려가 있는 때에는 이를 사용하여서는 아니된다. 다만, 무기를 사용하지 아니하고는 타인 또는 특수경비원의 생명·신체에 대한 중대한 위협을 방지할 수 없다고 인정되는 때에는 필요한 최소한의 범위 안에서 이를 사용할 수 있다.

3. 특수경비원은 총기 또는 폭발물을 가지고 대항하는 경우를 제외하고는 14세 미만의 자 또는 임산부에 대하여는 권총 또는 소총을 발사하여서는 아니된다.

제15조의2(경비원 등의 의무)

① 경비원은 직무를 수행함에 있어 타인에게 위력을 과시하거나 물리력을 행사하는 등 경비업무의 범위를 벗어난 행위를 하여서는 아니된다.

② 누구든지 경비원으로 하여금 경비업무의 범위를 벗어난 행위를 하게 하여서는 아니된다. [본조신설 2005.8.4]

제16조(복장·장비 등)

경비원의 복장·장비 및 출동차량에 관하여 필요한 사항은 행정안전부령으로 정한다. 〈개정 2008.2.29〉

제17조(결격사유자 등의 통보)

지방경찰청장 또는 경찰관서장은 경비원이 제10조 제1항 각호 또는 제2항 각호의 결격사유에 해당하게 된 사실을 알게되거나 이 법 또는 이 법에 의한 명령에 위반한 때에는 경비업자에게 그 사실을 통보하여야 한다.

제18조(경비원의 명부와 배치 등)

① 경비업자는 행정안전부령이 정하는 바에 따라 경비원의 명부를 작성·비치하여야 한다. 〈개정 2008.2.29〉

② 경비업자가 경비원을 배치하거나 배치를 폐지한 경우에는 행정안전부령이 정하는 바에 따라 관할 경찰관서장에게 신고하여야 한다. 다만, 다음 각 호의 경우에는 경비원을 배치하기 24시간 전(제3호의 특수경비원을 배치한 때에는 경비원을 배치하기 전)까지 신고하여야 한다. 〈개정 2005.8.4, 2008.2.29〉

1. 제2조 제1호 가목의 규정에 의한 시설경비업무 중 행정안전부령이 정하는 곳에 배치된 일반경비원

2. 제2조 제1호 다목의 규정에 의한 신변보호업무를 수행하는 일반경비원
3. 특수경비원

③ 경찰관서장은 경비업자가 제2항 단서의 규정을 위반하여 신고를 하지 아니하고 제2항 제1호 및 제2호의 규정에 의한 일반경비원을 배치한 경우에 배치폐지를 명할 수 있다. 〈신설 2005.8.4〉

제5장 행정처분 등

제19조(경비업 허가의 취소 등)

① 허가관청은 경비업자가 제1호 내지 제6호의 1에 해당하는 때에는 그 허가를 취소하고, 제7호에 해당하는 때에는 그 허가를 취소하거나 6월 이내의 기간을 정하여 영업의 전부 또는 일부에 대하여 영업정지를 명할 수 있다. 〈개정 2002.12.18〉

1. 허위 그 밖의 부정한 방법으로 허가를 받은 때
2. 제7조 제5항의 규정에 위반하여 허가받은 경비업무외의 업무에 경비원을 종사하게 한 때
3. 제7조 제8항의 규정에 위반하여 경비업 및 경비관련업외의 영업을 한 때
4. 정당한 사유없이 허가를 받은 날부터 1년 이내에 경비 도급실적이 없거나 계속하여 1년 이상 휴업한 때
5. 정당한 사유없이 최종 도급계약 종료일의 다음 날부터 1년 이내에 경비 도급실적이 없을 때
6. 영업정지처분을 받고 계속하여 영업을 한 때
7. 이 법 또는 이 법에 의한 명령에 위반한 때

② 허가관청은 제1항의 규정에 의하여 허가취소 또는 영업정지처분을 하는 때에는 경비업자가 허가받은 경비업무중 허가취소 또는 영업정지사유에 해당되는 경비업무에 한하여 처분을 하여야 한다. 다만, 제1항 제2호에 해당하여 허가취소를 하는 때에는 그러하지 아니하다.

제20조(경비지도사자격의 취소 등)

① 경찰청장은 경비지도사가 다음 각호의 1에 해당하는 때에는 그 자격을 취소하여야 한다.

1. 제10조 제1항 각호의 결격사유에 해당하게 된 때
2. 허위 그 밖의 부정한 방법으로 경비지도사자격증을 교부받은 때
3. 경비지도사자격증을 다른 사람에게 빌려주거나 양도한 때

② 경찰청장은 경비지도사가 다음 각호의 1에 해당하는 때에는 대통령령이 정하는 바에 따라 1년의 범위 내에서 그 자격을 정지시킬 수 있다.

1. 제12조 제3항의 규정에 위반하여 직무를 성실하게 수행하지 아니한 때
2. 제24조의 규정에 의한 경찰청장 또는 지방경찰청장의 명령을 위반한 때

③ 경찰청장은 제1항의 규정에 의하여 경비지도사의 자격을 취소한 때에는 경비지도사자격증을 회수하여야 하고, 제2항의 규정에 의하여 경비지도사의 자격을 정지한 때에는 그 정지기간동안 경비지도사자격증을 회수하여 보관하여야 한다.

제21조(청문)

경찰청장 또는 지방경찰청장은 다음 각호의 1에 해당하는 처분을 하고자 하는 경우에는 청문을 실시하여야 한다.

1. 제19조의 규정에 의한 경비업 허가의 취소 또는 영업정지
2. 제20조 제1항 또는 제2항의 규정에 의한 경비지도사자격의 취소 또는 정지

제6장 경비협회

제22조(경비협회)

① 경비업자는 경비업무의 건전한 발전과 경비원의 자질향상 및 교육훈련 등을 위하여 대통령령이 정하는 바에 따라 경비협회를 설립할 수 있다.

② 경비협회는 법인으로 한다.

③ 경비협회의 업무는 다음과 같다.

1. 경비업무의 연구
2. 경비원 교육 · 훈련 및 그 연구
3. 경비원의 후생 · 복지에 관한 사항
4. 경비진단에 관한 사항
5. 그 밖에 경비업무의 건전한 운영과 육성에 관하여 필요한 사항

④ 경비협회에 관하여 이 법에 특별한 규정이 있는 것을 제외하고는 민법중 사단법인에 관한 규정을 준용한다.

제23조(공제사업)

① 경비협회는 제26조의 규정에 의한 경비업자의 손해배상책임을 보장하기 위하여 대통령령이 정하는 바에 따라 공제사업을 할 수 있다.

② 경비협회는 제1항의 규정에 의한 공제사업을 하고자 하는 때에는 공제규정을 제정하여야 한다.

③ 제2항의 공제규정에는 공제사업의 범위, 공제계약의 내용, 공제금, 공제료 및 공제금에 충당하기 위한 책임준비금 등 공제사업의 운영에 관하여 필요한 사항을 정하여야 한다.

제7장 보칙

제24조(감독)

① 경찰청장 또는 지방경찰청장은 경비업무의 적정한 수행을 위하여 경비업자 및 경비지도사를 지도·감독하며 필요한 명령을 할 수 있다.

② 지방경찰청장 또는 관할 경찰관서장은 소속 경찰공무원으로 하여금 관할구역안에 있는 경비업자의 주사무소 및 출장소와 경비원배치장소에 출입하여 근무상황 및 교육훈련상황 등을 감독하며 필요한 명령을 하게 할 수 있다. 이 경우 출입하는 경찰공무원은 그 권한을 표시하는 증표를 관계인에게 내보여야 한다.

제25조(보안지도 · 점검 등)

지방경찰청장은 대통령령이 정하는 바에 따라 특수경비업자에 대하여 보안지도·점검을 실시하여야 하고, 필요한 경우 관계기관에 보안측정을 요청하여야 한다.

제26조(손해배상 등)

① 경비업자는 경비원이 업무수행중 고의 또는 과실로 경비대상에 손해가 발생하는 것을 방지하지 못한 때에는 그 손해를 배상하여야 한다.

② 경비업자는 경비원이 업무수행중 고의 또는 과실로 제3자에게 손해를 입힌 경우에는 이를 배상하여야 한다.

제27조(위임 및 위탁)

① 이 법에 의한 경찰청장의 권한은 대통령령이 정하는 바에 따라 그 일부를 지방경찰청장에게 위임할 수 있다.

② 경찰청장은 제11조의 규정에 의한 경비지도사의 시험 및 교육에 관한 업무를 대통령령이 정하는 바에 따라 관계전문기관 또는 단체에 위탁할 수 있다.

제27조의2(수수료)

이 법에 따른 경비업의 허가를 받거나 허가증을 재교부 받고자 하는 자는 대통령령이 정하는 바에 따라 수수료를 납부하여야 한다. [본조신설 2005.5.31]

제8장 벌칙

제28조(벌칙)

① 제14조 제2항의 규정에 위반하여 국가중요시설의 정상적인 운영을 해치는 장해를 일으킨 특수경비원은 7년 이하의 징역 또는 5천만원 이하의 벌금에 처한다.

② 다음 각호의 1에 해당하는 자는 3년 이하의 징역 또는 3천만원 이하의 벌금에 처한다. 〈개정 2005.8.4〉

1. 제4조 제1항의 규정에 의한 허가를 받지 아니하고 경비업을 영위한 자
2. 제7조 제4항의 규정에 위반하여 직무상 알게 된 비밀을 누설하거나 부당한 목적을 위하여 사용한 자
3. 제7조 제7항의 규정에 위반하여 경비업무의 중단을 통보하지 아니하거나 경비업무를 즉시 인수하지 아니한 특수경비업자 또는 경비대행업자
4. 과실로 인하여 제14조 제2항의 규정에 위반하여 국가중요시설의 정상적인 운영을 해치는 장해를 일으킨 특수경비원
5. 특수경비원으로서 경비구역 안에서 시설물의 절도, 손괴, 위험물의 폭발 등의 사유로 인한 위급사태가 발생한 때에 제15조 제1항 또는 제2항의 규정에 위반한 자
6. 제15조의2 제2항의 규정을 위반하여 경비원에게 경비업무의 범위를 벗어난 행위를 하게 한 자

③ 제14조 제4항 후단의 규정에 위반하여 정당한 사유없이 무기를 소지하고 배치된 경비구역을 벗어난 특수경비원은 2년 이하의 징역 또는 2천만원 이하의 벌금에 처한다.

④ 다음 각호의 1에 해당하는 자는 1년 이하의 징역 또는 1천만원 이하의 벌금에 처한다. 〈개정 2005.8.4〉

1. 제14조 제7항의 규정에 위반한 관리책임자
2. 제15조 제3항의 규정에 위반하여 쟁의행위를 한 특수경비원
3. 제18조 제3항의 규정을 위반하여 경찰관서장의 배치폐지 명령을 따르지 아니한 자

⑤ 제15조의2 제1항의 규정을 위반하여 경비업무의 범위를 벗어난 행위를 한 경비원은 1천만원 이하의 벌금에 처한다. 〈신설 2005.8.4〉

제29조(형의 가중처벌)

특수경비원이 무기를 휴대하고 경비업무를 수행중에 제14조 제8항의 규정 및 제15조 제4항의 규정에 의한 무기의 안전수칙을 위반하여 형법 제257조 제1항, 제258조 제1항·제2항, 제259조 제1항, 제260조 제1항, 제262조, 제268조, 제276조 제1항, 제277조 제1항, 제281조 제1항, 제283조 제1항, 제324조, 제350조 및 제366조의 죄를 범한 때에는 그 죄에 정한 형의 2분의 1까지 가중처벌한다.

제30조(양벌규정)

법인의 대표자나 법인 또는 개인의 대리인, 사용인, 그 밖의 종업원이 그 법인 또는 개인의 업무에 관하여 제28조의 위반행위를 하면 그 행위자를 벌하는 외에 그 법인 또는 개인에게도 해당 조문의 벌금형을 과(科)한다. 다만, 법인 또는 개인이 그 위반행위를 방지하기 위하여 해당 업무에 관하여 상당한 주의와 감독을 게을리하지 아니한 경우에는 그러하지 아니하다. [전문개정 2008.12.26]

제31조(과태료)

① 다음 각호의 1에 해당하는 경비업자 또는 시설주는 500만원 이하의 과태료에 처한다.

1. 제4조 제3항 또는 제18조 제2항의 규정에 위반하여 신고를 하지 아니한 자
2. 제7조 제6항의 규정에 위반하여 경비대행업자 지정신고를 하지 아니한 자
3. 제9조 제1항의 규정에 위반하여 설명의무를 이행하지 아니한 자
4. 제12조 제1항의 규정에 위반하여 경비지도사를 선임하지 아니한 자
5. 제14조 제6항의 규정에 의한 감독상 필요한 명령을 정당한 이유없이 이행하지 아니한 자

6. 제18조 제1항의 규정에 위반하여 명부를 작성·비치하지 아니한 자

② 제1항의 규정에 의한 과태료는 대통령령이 정하는 바에 의하여 지방경찰청장 또는 경찰관서장이 부과·징수한다.

③ 제2항의 규정에 의한 과태료처분에 불복이 있는 자는 그 처분의 고지를 받은 날부터 30일 이내에 지방경찰청장 또는 경찰관서장에게 이의를 제기할 수 있다.

④ 제2항의 규정에 의한 과태료처분을 받은 자가 제3항의 규정에 의하여 이의를 제기한 때에는 지방경찰청장 또는 경찰관서장은 지체없이 관할법원에 그 사실을 통보하여야 하며, 그 통보를 받은 관할법원은 비송사건절차법에 의한 과태료의 재판을 한다.

⑤ 제3항의 규정에 의한 기간 이내에 이의를 제기하지 아니하고 과태료를 납부하지 아니한 때에는 국세체납처분의 예에 의하여 이를 징수한다.

부칙 <제9579호,2009.4.1>

이 법은 공포한 날부터 시행한다.

[별도 4]

표지장등의 위치

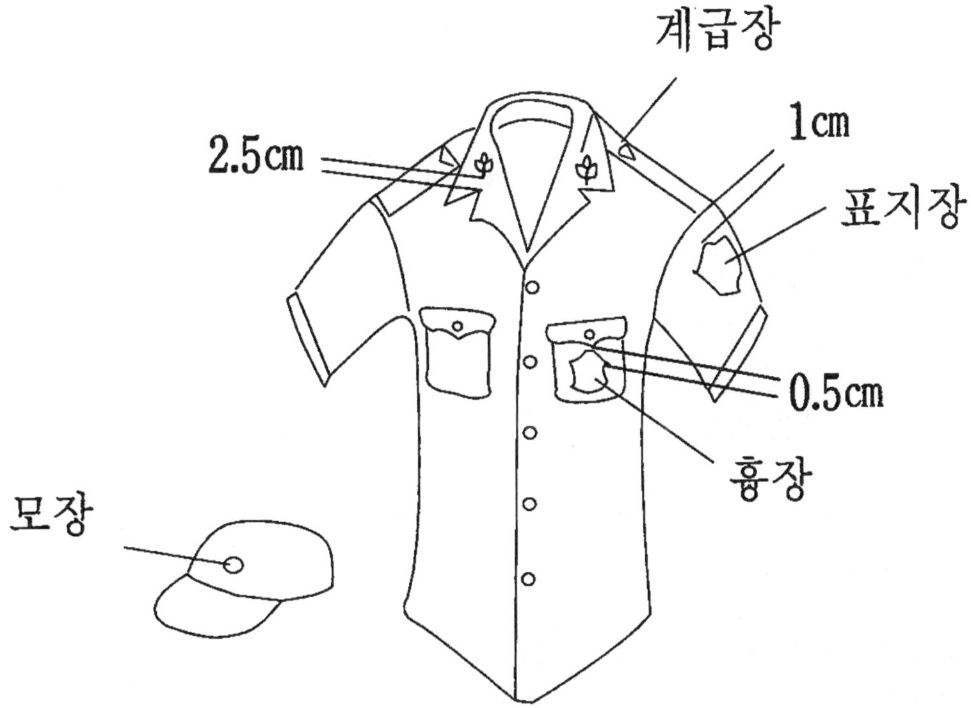

[별도 5]

신분증명서

寫 眞

No

소속

직명

주민등록번호

성명

신분증명서

근무처

성 명

생년월일

혈 액 형

좌무인	우무인

1. 지질은 “아트지”로 한다.
2. 경비원 모장은 초록색으로 한다.
3. 바탕 글씨는 황색으로 기타의 글씨는 흑색으로 한다.
4. 직명란의 “경비원” 또는 “경비지도사”는 청색으로 한다.

경찰법

[일부개정 2008.6.13 법률 제9114호]

제1장 총칙

제1조 (목적)

이 법은 국가경찰의 민주적인 관리·운영과 효율적인 임무수행을 위하여 국가경찰의 기본조직 및 직무범위 기타 필요한 사항을 규정함을 목적으로 한다. 〈개정 2006.7.19〉

제2조 (국가경찰의 조직)

① 치안에 관한 사무를 관장하게 하기 위하여 행정안전부장관소속하에 경찰청을 둔다. 〈개정 1996.8.8, 2004.12.23, 2008.2.29〉

② 경찰청의 사무를 지역적으로 분담 수행하게 하기 위하여 특별시장·광역시장 및 도지사(이하 시·도지사라 한다)소속하에 지방경찰청을 두고, 지방경찰청장소속하에 경찰서를 둔다. 〈개정 1997.12.13〉

③ 삭제〈1996.8.8〉

제3조 (국가경찰의 임무)

국가경찰은 국민의 생명·신체 및 재산의 보호와 범죄의 예방·진압 및 수사, 치안정보의 수집, 교통의 단속 기타 공공의 안녕과 질서유지를 그 임무로 한다. 〈개정 2006.7.19〉

제4조 (권한남용의 금지)

국가경찰은 그 직무를 수행함에 있어서 헌법과 법률에 따라 국민의 자유와 권리를 존중하고, 국민전체에 대한 봉사자로서 공정중립을 지켜야 하며, 부여된 권한을 남용하여서는 아니된다. 〈개정 2006.7.19〉

제2장 경찰위원회

제5조 (경찰위원회의 설치)

① 경찰행정에 관하여 제9조 제1항 각호에 정한 사항을 심의·의결하기 위하여 행정자치부에 경찰위원회(이하 "위원회"라 한다)를 둔다. 〈개정 2004.12.23〉

② 위원회는 위원장 1인을 포함한 7인의 위원으로 구성하되, 위원장 및 5인의 위원은 비상임, 1인의 위원은 상임으로 한다.

③ 제2항의 규정에 의한 위원중 상임위원은 정무직으로 한다. 〈신설 2004.12.23〉

제6조 (위원의 임명 및 결격사유)

① 위원은 행정안전부장관의 제청으로 국무총리를 거쳐 대통령이 임명한다. 〈개정 2004.12.23, 2008.2.29〉

② 행정안전부장관은 위원을 제청함에 있어서 국가경찰의 정치적 중립이 보장되도록 하여야 한다. 〈개정 2004.12.23, 2006.7.19, 2008.2.29〉

③ 위원 중 2인은 법관의 자격이 있는 자이어야 한다.

④ 다음 각호의 1에 해당하는 자는 위원이 될 수 없다. 〈개정 1999.1.21, 2006.7.19〉

1. 당적을 이탈한 날부터 3년이 경과되지 아니한 자
2. 선거에 의하여 취임하는 공직에서 퇴직한 날부터 3년이 경과되지 아니한 자
3. 경찰·검찰·국가정보원직원 또는 군인의 직에서 퇴직한 날부터 3년이 경과되지 아니한 자
4. 「국가공무원법」 제33조 각호의 1에 해당하는 자

제7조 (위원의 임기 및 신분보장)

① 위원의 임기는 3년으로 하며, 연임할 수 없다. 이 경우 보궐위원의 임기는 전임자의 잔임기간으로 한다.

② 위원은 정당에 가입하거나 제6조 제4항 제2호 또는 제3호의 직에 취임 또는 임용되거나 제4호에 해당하게 된 때에는 당연히 퇴직된다.

③ 위원은 중대한 심신상의 장애로 직무를 수행할 수 없게 된 경우를 제외하고는 그 의사에 반하여 면직되지 아니한다.

제8조 (국가공무원법의 준용)

위원에 대하여는 「국가공무원법」 제60조 및 제65조의 규정을 준용한다. 〈개정 2006.7.19〉

제9조 (위원회의 심의 · 의결사항)

① 다음 각호의 사항은 위원회의 심의 · 의결을 거쳐야 한다. 〈개정 2004.12.23, 2006.7.19, 2008.2.29〉

1. 국가경찰의 인사 · 예산 · 장비 · 통신등에 관한 주요정책 및 국가경찰업무발전에 관한 사항
2. 인권보호와 관련되는 국가경찰의 운영 · 개선에 관한 사항
3. 국가경찰 임무외의 다른 국가기관으로부터의 업무협조요청에 관한 사항
4. 제주특별자치도의 자치경찰에 대한 국가경찰의 지원 · 협조 및 협약체결의 조정 등에 관한 주요 정책사항
5. 기타 행정안전부장관 및 경찰청장이 중요하다고 인정하여 위원회에 부의한 사항

② 행정안전부장관은 제1항의 규정에 의하여 심의 · 의결된 내용이 부적정하다고 판단될 때에는 재의를 요구할 수 있다. 〈개정 2004.12.23, 2008.2.29〉

제10조 (위원회의 운영등)

① 위원회의 사무는 경찰청에서 수행한다.

② 위원회의 회의는 재적위원 과반수의 출석과 출석위원 과반수의 찬성으로 의결한다.

③ 이 법에 규정된 것 외에 위원회의 운영 및 제9조 제1항 각호에 정한 심의 · 의결사항의 구체적 범위, 재의요구 등에 관하여 필요한 사항은 대통령령으로 정한다.

제3장 경찰청

제11조 (경찰청장)

① 경찰청에 경찰청장을 두되, 경찰청장은 치안총감으로 보한다.

② 경찰청장은 경찰위원회의 동의를 얻어 행정안전부장관의 제청으로 국무총리를 거쳐 대통령이 임명한다. 이 경우 국회의 인사청문을 거쳐야 한다. 〈개정 2003.2.4, 2003.12.31, 2008.2.29〉

③ 경찰청장은 국가경찰에 관한 사무를 통할하고 청무를 관장하며 소속공무원 및 각 급 국가경찰기관의 장을 지휘 · 감독한다. 〈개정 2006.7.19〉
④ 삭제〈2003.12.31〉
⑤ 경찰청장의 임기는 2년으로 하고, 중임할 수 없다.〈신설 2003.12.31〉
⑥ 경찰청장이 그 직무집행에 있어서 헌법이나 법률을 위배한 때에는 국회는 탄핵의 소추를 의결할 수 있다.〈신설 2003.12.31〉

제12조 (차장)

① 경찰청에 차장을 두되, 차장은 치안정감으로 보한다.
② 차장은 경찰청장을 보좌하며, 경찰청장이 부득이한 사유로 직무를 수행할 수 없을 때에는 그 직무를 대행한다. 〈개정 2004.12.23〉

제13조 (하부조직)

① 경찰청의 하부조직은 국 또는 부 및 과로 한다.
② 경찰청장 · 차장 · 국장 또는 부장밑에 정책의 기획이나 계획의 입안 및 연구조사를 통하여 그를 직접 보좌하는 담당관을 둘 수 있다.
③ 경찰청의 하부조직의 명칭 및 분장사무와 공무원의 정원은 「정부조직법」 제2조 제4항 및 제5항의 규정을 준용하여 대통령령 또는 행정안전부령으로 정한다. 〈개정 1998.2.28, 2006.7.19, 2008.2.29〉

제4장 지방경찰

제14조 (지방경찰청장)

① 지방경찰청에 지방경찰청장을 두되, 지방경찰청장은 치안정감 · 치안감 또는 경무관으로 보한다.
② 지방경찰청장은 경찰청장의 지휘 · 감독을 받아 관할구역안의 국가경찰사무를 관장하고 소속공무원 및 소속국가경찰기관의 장을 지휘 · 감독한다. 〈개정 2006.7.19〉

제15조 (차장)

① 지방경찰청에 차장을 둘 수 있다.

② 차장은 지방경찰청장을 보좌하여 소관사무를 처리하고 지방경찰청장이 부득이한 사유로 직무를 수행할 수 없을 때에는 그 직무를 대행한다. 〈개정 2004.12.23〉

제16조 (치안행정협의회)

① 지방행정과 치안행정의 업무조정 그 밖의 필요한 사항을 협의 · 조정하기 위하여 시 · 도지사(제주특별자치도지사를 제외한다) 소속하에 치안행정협의회를 둔다. 〈개정 2006.7.19〉

② 치안행정협의회의 조직 · 운영 기타 필요한 사항은 대통령령으로 정한다.

제17조 (경찰서장)

① 경찰서에 경찰서장을 두되, 경찰서장은 총경 또는 경정으로 보한다.

② 경찰서장은 지방경찰청장의 지휘 · 감독을 받아 관할구역안의 소관사무를 관장하고 소속공무원을 지휘 · 감독한다.

③ 경찰서장소속하에 지구대 또는 파출소를 두고, 그 설치기준은 치안수요 · 교통 · 지리 등 관할구역의 특성을 고려하여 행정안전부령으로 정한다. 다만, 필요한 경우에는 출장소를 둘 수 있다. 〈개정 2004.12.23, 2008.2.29〉

제18조 (직제)

지방경찰청 및 경찰서의 명칭 · 위치 · 관할구역 · 하부조직 · 공무원의 정원 기타 필요한 사항은 「정부조직법」 제2조 제4항 및 제5항의 규정을 준용하여 대통령령 또는 행정안전부령으로 정한다. 〈개정 1998.2.28, 2006.7.19, 2008.2.29〉

제5장 삭제<1996.8.8>

제19조 ~ 제22조

삭제〈1996.8.8〉

제6장 국가경찰공무원

제23조 (국가경찰공무원<개정 2006.7.19>)

① 국가경찰공무원의 계급은 치안총감 · 치안정감 · 치안감 · 경무관 · 총경 · 경정 · 경감 · 경위 · 경사 · 경장 · 순경으로 한다. 〈개정 2006.7.19〉

② 국가경찰공무원의 임용 · 교육훈련 · 복무 · 신분보장등에 관하여는 따로 법률로 정한다. 〈개정 2006.7.19〉

제24조 (직무수행)

① 국가경찰공무원은 상관의 지휘 · 감독을 받아 직무를 수행하고, 그 직무수행에 관하여 서로 협력하여야 한다. 〈개정 2006.7.19〉

② 경찰공무원은 구체적 사건수사와 관련된 제1항의 지휘 · 감독의 적법성 또는 정당성 여부에 대하여 이견이 있는 때에는 이의를 제기할 수 있다. 〈신설 2008.6.13〉 〈종전 제2항은 제3항으로 이동 2008.6.13〉

③ 국가경찰공무원의 직무수행에 필요한 사항은 따로 법률로 정한다. 〈개정 2006.7.19〉 〈제2항에서 이동 2008.6.13〉

제7장 비상사태시의 특별조치

제25조 (비상사태시 자치경찰에 대한 지휘 · 명령)

① 경찰청장은 전시 · 사변, 천재 · 지변 그 밖에 이에 준하는 국가비상사태, 대규모의 테러 또는 소요사태가 발생하였거나 발생할 우려가 있어 전국적인 치안유지를 위하여 긴급한 조치가 필요하다고 인정할 만한 충분한 사유가 있는 경우에는 제2항의 규정에 따라 제주특별자치도의 자치경찰공무원(이하 "자치경찰공무원"이라 한다)을 직접 지휘 · 명령할 수 있다. 다만, 제주특별자치도 지역 단위의 치안유지를 위한 경우에는 제주특별자치도지방경찰청장이 지휘 · 명령할 수 있다.

② 경찰청장 또는 제주특별자치도지방경찰청장은 제1항의 규정에 따른 조치가 필요한 경우에는 미리 제주특별자치도지사에게 자치경찰공무원을 직접 지휘 · 명령하고자 하는 사유 및 내용 등을 적시하여 통보하여야 한다. 이 경우 제주특별자치도지사

는 정당한 사유가 없는 한, 즉시 소속 자치경찰공무원에 대하여 경찰청장 또는 제주특별자치도지방경찰청장의 지휘·명령을 받을 것을 명하여야 한다.

③ 경찰청장 또는 제주특별자치도지방경찰청장이 제1항의 규정에 따라 지휘·명령권을 인수한 경우에는 경찰청장은 경찰위원회에 즉시 보고하여야 하고, 제주특별자치도지방경찰청장은 「제주특별자치도 설치 및 국제자유도시 조성을 위한 특별법」 제113조의 규정에 따른 관할 치안행정위원회에 즉시 통보하여야 한다.

④ 제3항의 규정에 따라 자치경찰공무원에 대한 지휘·명령권자의 변동사실을 보고받은 경찰위원회는 제1항에 규정된 사유에 해당되지 아니한다고 인정하는 때에는 그 지휘·명령권을 반환할 것을 의결할 수 있으며, 같은 사실을 통보받은 치안행정위원회는 제1항에 규정된 사유에 해당되지 아니한다고 인정하는 때에는 경찰청장 또는 제주특별자치도지방경찰청장에게 그 지휘·명령권의 반환을 건의할 수 있다.

⑤ 경찰청장 또는 제주특별자치도지방경찰청장은 제1항의 규정에 따라 경찰청장 또는 제주특별자치도지방경찰청장이 자치경찰공무원을 지휘·명령할 수 있는 사유가 해소된 때에는 자치경찰공무원에 대한 지휘·명령권을 즉시 제주특별자치도지사에게 반환하여야 한다.

⑥ 제1항 및 제2항의 규정에 따라 제주특별자치도의 자치경찰공무원이 경찰청장 또는 제주특별자치도지방경찰청장의 지휘·명령을 받는 경우 그 지휘·명령의 범위 안에서는 국가경찰공무원으로 본다. [본조신설 2006.7.19]

부칙 <제9114호, 2008.6.13>

이 법은 공포한 날부터 시행한다.

청원경찰법

[일부개정 2010.2.4 법률 제10013호]

제1조 (목적)

이 법은 청원경찰의 직무 · 임용 · 배치 · 보수 · 사회보장 및 그 밖에 필요한 사항을 규정함으로써 청원경찰의 원활한 운영을 목적으로 한다. [전문개정 2010.2.4]

제2조 (정의)

이 법에서 "청원경찰"이란 다음 각 호의 어느 하나에 해당하는 기관의 장 또는 시설 · 사업장 등의 경영자가 경비(이하 "청원경찰경비"라 한다)를 부담할 것을 조건으로 경찰의 배치를 신청하는 경우 그 기관 · 시설 또는 사업장 등의 경비를 담당하게 하기 위하여 배치하는 경찰을 말한다.

1. 국가기관 또는 공공단체와 그 관리하에 있는 중요 시설 또는 사업장
2. 국내 주재 외국기관
3. 그 밖에 행정안전부령으로 정하는 중요 시설, 사업장 또는 장소 [전문개정 2010.2.4]

제3조 (청원경찰의 직무)

청원경찰은 제4조 제2항에 따라 청원경찰의 배치 결정을 받은 자(이하 "청원주"라 한다)와 배치된 기관 · 시설 또는 사업장 등의 구역을 관할하는 경찰서장의 감독을 받아 그 경비구역만의 경비를 목적으로 필요한 범위에서 「경찰관직무집행법」에 따른 경찰관의 직무를 수행한다. [전문개정 2010.2.4]

제4조 (청원경찰의 배치)

① 청원경찰을 배치받으려는 자는 대통령령으로 정하는 바에 따라 관할 지방경찰청장에게 청원경찰 배치를 신청하여야 한다.

② 지방경찰청장은 제1항의 청원경찰 배치 신청을 받으면 지체 없이 그 배치 여부를 결정하여 신청인에게 알려야 한다.

③ 지방경찰청장은 청원경찰 배치가 필요하다고 인정하는 기관의 장 또는 시설 · 사업장의 경영자에게 청원경찰을 배치할 것을 요청할 수 있다. [전문개정 2010.2.4]

제5조 (청원경찰의 임용 등)

① 청원경찰은 청원주가 임용하되, 임용을 할 때에는 미리 지방경찰청장의 승인을 받아야 한다.

② 「국가공무원법」 제33조 각 호의 어느 하나의 결격사유에 해당하는 사람은 청원경찰로 임용될 수 없다.

③ 청원경찰의 임용자격 · 임용방법 · 교육 및 보수에 관하여는 대통령령으로 정한다.

④ 청원경찰의 복무에 관하여는 「국가공무원법」 제57조, 제58조 제1항, 제60조, 제66조 제1항 및 「경찰공무원법」 제18조를 준용한다. [전문개정 2010.2.4]

제5조의2 (청원경찰의 징계)

① 청원주는 청원경찰이 다음 각 호의 어느 하나에 해당하는 때에는 대통령령으로 정하는 징계절차를 거쳐 징계처분을 하여야 한다.

1. 직무상의 의무를 위반하거나 직무를 태만히 한 때
2. 품위를 손상하는 행위를 한 때

② 청원경찰에 대한 징계의 종류는 파면, 해임, 정직, 감봉 및 견책으로 구분한다.

③ 청원경찰의 징계에 관하여 그 밖에 필요한 사항은 대통령령으로 정한다. [본조신설 2010.2.4]

제6조 (청원경찰경비)

① 청원주는 다음 각 호의 청원경찰경비를 부담하여야 한다.

1. 청원경찰에게 지급할 봉급과 각종 수당
2. 청원경찰의 피복비
3. 청원경찰의 교육비
4. 제7조에 따른 보상금 및 제7조의2에 따른 퇴직금

② 국가기관 또는 지방자치단체에 근무하는 청원경찰의 보수는 다음 각 호의 구분에 따라 같은 재직기간에 해당하는 경찰공무원의 보수를 감안하여 대통령령으로 정한다.

1. 재직기간 15년 미만: 순경
2. 재직기간 15년 이상 30년 미만: 경장
3. 재직기간 30년 이상: 경사

③ 청원주의 제1항 제1호에 따른 봉급 · 수당의 최저부담기준액(국가기관 또는 지방자

치단체에 근무하는 청원경찰의 봉급·수당은 제외한다)과 같은 항 제2호 및 제3호에 따른 비용의 부담기준액은 경찰청장이 정하여 고시한다. [전문개정 2010.2.4]

제7조 (보상금)

청원주는 청원경찰이 다음 각 호의 어느 하나에 해당하게 되면 대통령령으로 정하는 바에 따라 청원경찰 본인 또는 그 유족에게 보상금을 지급하여야 한다.

1. 직무수행으로 인하여 부상을 입거나, 질병에 걸리거나 또는 사망한 경우
2. 직무상의 부상·질병으로 인하여 퇴직하거나, 퇴직 후 2년 이내에 사망한 경우 [전문개정 2010.2.4]

제7조의2 (퇴직금)

청원주는 청원경찰이 퇴직할 때에는 「근로자퇴직급여 보장법」에 따른 퇴직금을 지급하여야 한다. 다만, 국가기관이나 지방자치단체에 근무하는 청원경찰의 퇴직금에 관하여는 따로 대통령령으로 정한다. [전문개정 2010.2.4]

제8조 (제복 착용과 무기 휴대)

① 청원경찰은 근무 중 제복을 착용하여야 한다.

② 지방경찰청장은 청원경찰이 직무를 수행하기 위하여 필요하다고 인정하면 청원주의 신청을 받아 관할 경찰서장으로 하여금 청원경찰에게 무기를 대여하여 지니게 할 수 있다.

③ 청원경찰의 복제와 무기 휴대에 필요한 사항은 대통령령으로 정한다. [전문개정 2010.2.4]

제9조

삭제〈1999.3.31〉

제9조의2

삭제〈2001.4.7〉

제9조의3 (감독)

① 청원주는 항상 소속 청원경찰의 근무 상황을 감독하고, 근무 수행에 필요한 교육을 하여야 한다.

② 지방경찰청장은 청원경찰의 효율적인 운영을 위하여 청원주를 지도하며 감독상 필요한 명령을 할 수 있다. [전문개정 2010.2.4]

제10조 (직권남용 금지 등)

① 청원경찰이 직무를 수행할 때 직권을 남용하여 국민에게 해를 끼친 경우에는 6개월 이하의 징역이나 금고에 처한다.

② 청원경찰 업무에 종사하는 사람은 「형법」이나 그 밖의 법령에 따른 벌칙을 적용할 때에는 공무원으로 본다. [전문개정 2010.2.4]

제10조의2 (청원경찰의 불법행위에 대한 배상책임)

청원경찰(국가기관이나 지방자치단체에 근무하는 청원경찰은 제외한다)의 직무상 불법행위에 대한 배상책임에 관하여는 「민법」의 규정을 따른다. [전문개정 2010.2.4]

제10조의3 (권한의 위임)

이 법에 따른 지방경찰청장의 권한은 그 일부를 대통령령으로 정하는 바에 따라 관할 경찰서장에게 위임할 수 있다. [전문개정 2010.2.4]

제10조의4 (의사에 반한 면직)

① 청원경찰은 형의 선고, 징계처분 또는 신체상·정신상의 이상으로 직무를 감당하지 못할 때를 제외하고는 그 의사에 반하여 면직되지 아니한다.

② 청원주가 청원경찰을 면직시켰을 때에는 그 사실을 관할 경찰서장을 거쳐 지방경찰청장에게 보고하여야 한다. [전문개정 2010.2.4]

제10조의5 (배치의 폐지 등)

① 청원주는 청원경찰이 배치된 시설이 폐쇄되거나 축소되어 청원경찰의 배치를 폐지하거나 배치인원을 감축할 필요가 있다고 인정하면 청원경찰의 배치를 폐지하거나

배치인원을 감축할 수 있다. 다만, 청원주는 「경비업법」에 따른 특수경비원을 배치할 목적으로 청원경찰 배치를 폐지하거나 배치인원을 감축할 수 없다.

② 제1항에 따라 청원주가 청원경찰을 폐지하거나 감축하였을 때에는 청원경찰 배치 결정을 한 경찰관서의 장에게 알려야 하며, 그 사업장이 제4조 제3항에 따라 지방경찰청장이 청원경찰의 배치를 요청한 사업장일 때에는 그 폐지 또는 감축 사유를 구체적으로 밝혀야 한다. [전문개정 2010.2.4]

제10조의6 (당연 퇴직)

청원경찰이 다음 각 호의 어느 하나에 해당할 때에는 당연 퇴직된다.

1. 제5조 제2항에 따른 임용결격사유에 해당될 때
2. 제10조의5에 따라 청원경찰의 배치가 폐지되었을 때
3. 나이가 60세가 되었을 때. 다만, 그 날이 1월부터 6월 사이에 있으면 6월 30일에, 7월부터 12월 사이에 있으면 12월 31일에 각각 당연 퇴직된다. [전문개정 2010.2.4]

제10조의7 (휴직 및 명예퇴직)

국가기관이나 지방자치단체에 근무하는 청원경찰의 휴직 및 명예퇴직에 관하여는 「국가공무원법」 제71조부터 제73조까지 및 제74조의2를 준용한다. [전문개정 2010.2.4]

제11조 (벌칙)

청원경찰로서 제5조 제4항에 따라 준용되는 「국가공무원법」 제66조 제1항을 위반한 사람은 1년 이하의 징역 또는 200만원 이하의 벌금에 처한다. [전문개정 2010.2.4]

제12조 (과태료)

① 다음 각 호의 어느 하나에 해당하는 자에게는 500만원 이하의 과태료를 부과한다.

1. 제4조 제2항에 따른 지방경찰청장의 배치 결정을 받지 아니하고 청원경찰을 배치하거나 제5조 제1항에 따른 지방경찰청장의 승인을 받지 아니하고 청원경찰을 임용한 자
2. 정당한 사유 없이 제6조 제3항에 따라 경찰청장이 고시한 최저부담기준액 이상의 보수를 지급하지 아니한 자
3. 제9조의3 제2항에 따른 감독상 필요한 명령을 정당한 사유 없이 이행하지 아니한 자

② 제1항에 따른 과태료는 대통령령으로 정하는 바에 따라 지방경찰청장이 부과·징수한다. [전문개정 2010.2.4]

부칙 <제10013호, 2010.2.4>

① (시행일) 이 법은 2010년 7월 1일부터 시행한다.

② (청원경찰의 보수에 관한 적용례) 제6조 제2항의 개정규정은 이 법 시행 당시 국가기관 또는 지방자치단체에 근무하는 청원경찰의 보수에 대하여도 적용한다.

저자소개

김창호

학력

한양대학교 학사
프랑스 엑스마르세유대학교 석사
한양대학교 이학박사

경력

2007~2008 : 한국경호경비학회장
현 대한무도학회 부회장
현 경기대학교 경호안전학과 교수
현 경기대학교 체육대학 학장

강민완

학력

경기대학교 학사
경기대학교 석사
경기대학교 박사

경력

2009~2010 : 한국경호경비학회장
현 한국경비협회 경기지회 자문교수
현 경기대학교 경호안전학과 교수
현 경기대학교 경호안전학과 학과장

오재환

학력

원광대학교 경찰행정학과 학사
원광대학교 경찰행정학과 석사
경기대학교 경호안전학과 박사